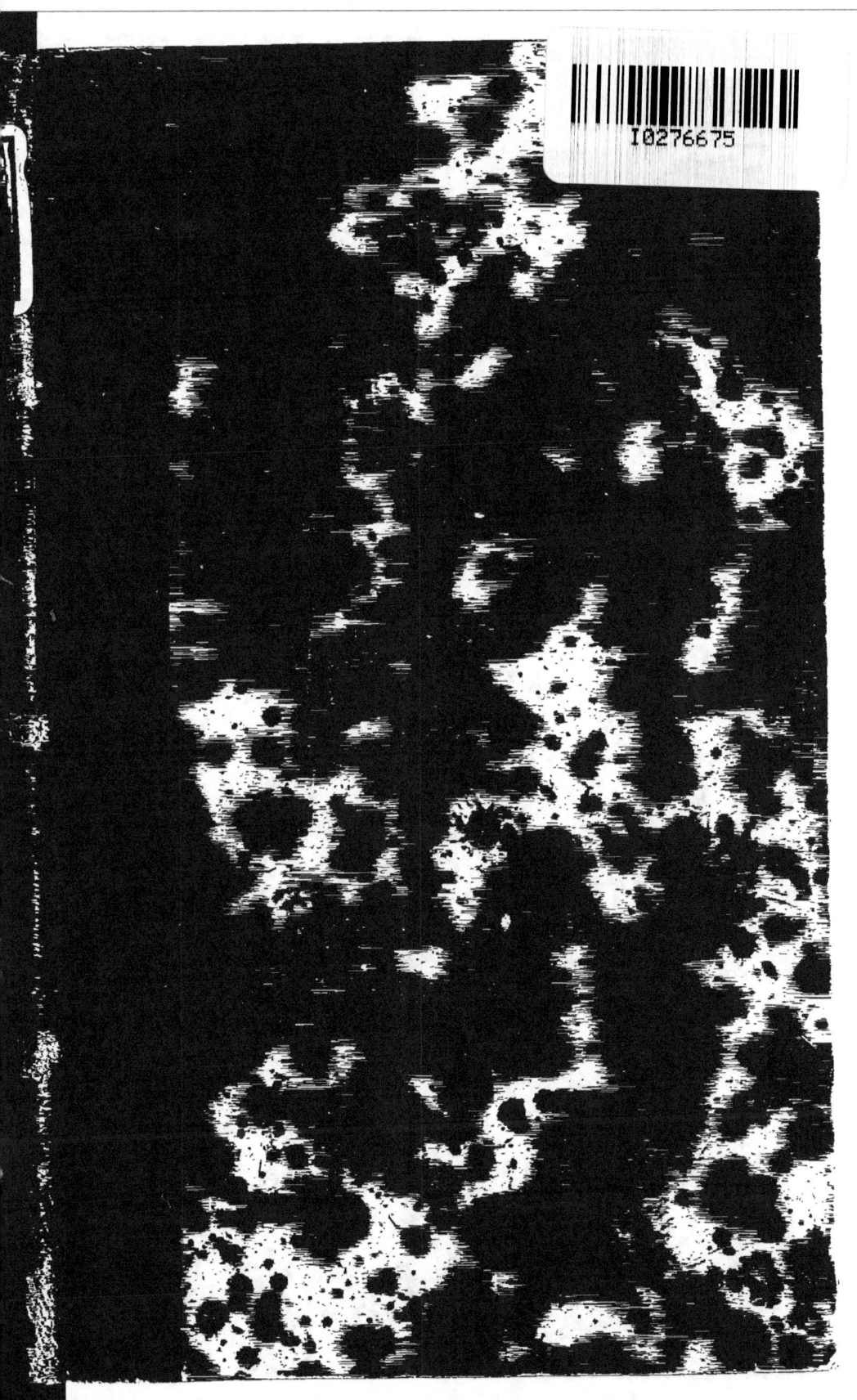

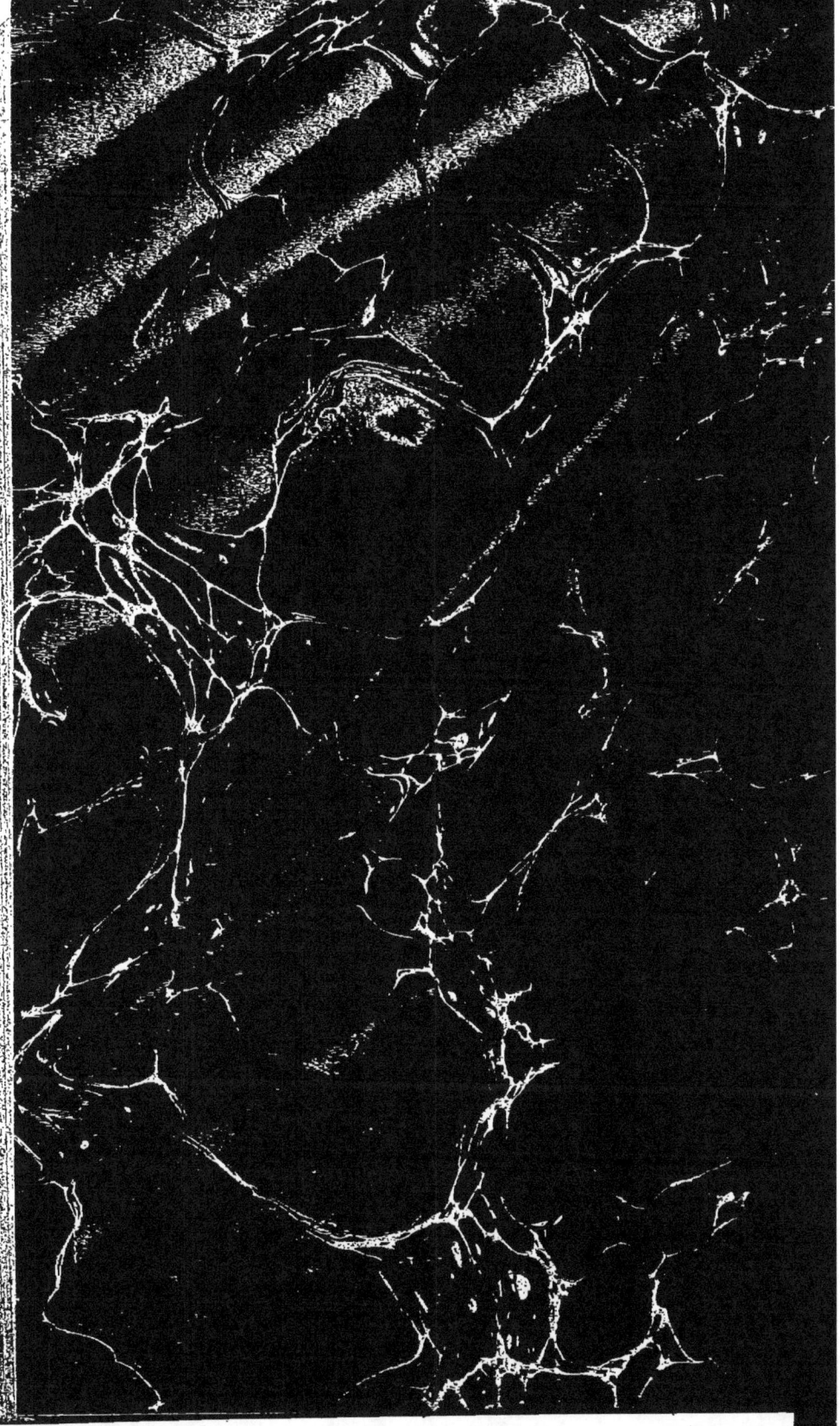

LES
CHANTS DU SOIR.

PARIS. — IMPRIMERIE DE COSSON, RUE SAINT-GERMAIN-DES-PRÉS, 9.

Marie, avec amour, l'écoute respirer.

LES

CHANTS DU SOIR,

PAR

CHÉRI PAUFFIN,

PRÉCÉDÉS

D'UNE LETTRE DE M. JULES JANIN.

> Il est dans la poésie je ne sais quoi de céleste; il faut pour y croire une foi courageuse.
> (YOUNG.)

PARIS,
A. ROYER, ÉDITEUR,
241, place du Palais-Royal.
1844.

A L'AUTEUR DES CHANTS DU SOIR.

Vous avez bien raison, monsieur, de croire encore à la poésie, mais vous avez grand tort de vous adresser à moi pour écrire une introduction à votre recueil; la poésie n'a pas besoin de tout cet apprêt, elle méprise toutes les précautions inutiles, elle vit par elle-même, elle marche naturellement dans sa grâce et dans sa force, sans avoir besoin d'aide ni d'appui; c'est l'oiseau qui vole et qui chante, c'est le ruisseau qui murmure entre ses deux rives fleuries, ce sont les mille bruits lointains de la campagne, c'est l'espérance, c'est la consolation, c'est le souvenir; ce sont tous les nobles sentiments, toutes les émotions du cœur de l'homme! Eh! que voulez-vous faire d'une préface à côté d'un poème? à quoi bon, je vous prie, ce triste vestibule qui conduit à l'infini?

Voyez d'ailleurs comment procèdent vos émules en poésie et comme ils se sont révélés à ce monde qui ne savait pas leurs noms! Par quels miracles ont-ils forcé cette foule inattentive à s'occuper de leurs douleurs, de leurs espérances, des belles journées de leur printemps, des réflexions plus mûres de l'âge qui tombe et qui s'en va se perdre dans les derniers lointains? Est-ce donc le faiseur de préfaces qui produit de tels prodiges? est-ce donc la prose qui protége les vers? est-ce l'inconnu qui fait l'homme célèbre? Non pas certes. Donc à Dieu ne plaise que nous autres, les diseurs de riens, nous ayons une si grande puissance! Pareille puissance nous ferait peur, et notre ambition ne va pas si loin. Dans tous les arts de l'imagination et de la pensée, la critique arrive la dernière, tantôt d'un pas boiteux comme le châtiment, tantôt d'un pas hâté comme la récompense; ce n'est pas l'usage qu'elle passe la première; ce n'est pas l'habitude qu'elle marche en avant, le drapeau à la main : de sa nature la critique est timide, patiente, elle suit les hommes qui marchent dans tous leurs sentiers, trop heureuse quand, de temps à autre, elle indique la route à parcourir!

Dites-moi, je vous prie, qui est le faiseur de préfaces qui a découvert le premier le sentier des *Méditations poétiques?* Celui-là qui eût fait cette précieuse découverte aurait été un aussi grand poète que M. de Lamartine en personne. Mais hélas! cette divine et limpide poésie de la croyance unie à l'amour n'a pas été une découverte, c'était une révélation. Ce poète, ce jeune soldat-aux-gardes qui se promenait, le fusil sur l'épaule, sous les fenêtres de Sa Majesté le roi Charles X qui dormait, avait trouvé, dans ses nuits solitaires, ces premières harmonies, dans lesquelles il a placé les rêveries intimes de sa jeunesse, le souvenir de l'Elvire idéale, l'invocation à cet ange, à ce démon, qui s'appelait lord Byron; poésie rêvée, poésie chantée au fond de l'âme, poésie étincelante de toutes les passions des jeunes cœurs! Et quand, par hasard, le noble poète tentait de lire ses vers aux critiques contemporains, on écoutait d'un air dédaigneux; l'oreille était rebelle à ces divines mélodies; l'esprit positif de ces temps malheureux résistait à cette évocation magique; toute la vieille poésie de l'empire dans ses rides et ses vêtements d'emprunt se débattait à outrance contre cette révolution salutaire qui venait l'envahir ; l'école de l'abbé Delille, l'école de M. de Fontanes, les petits vers de tous ces grands génies ne comprenaient rien à ces doux poèmes du frais paysage, du lac argenté, de la tranquille rêverie, poèmes de prière et d'amour. Certes celui-là eût été le bien inspiré qui eût, sinon deviné, du moins pressenti le glorieux avenir de M. de Lamartine ! Celui-là eût été le bien venu et il se fût fait un nom à jamais célèbre, qui eût expliqué aux contemporains inattentifs la mission de la poésie nouvelle, qui eût deviné à l'avance, en lisant l'élégie intitulée le *Crucifix*, le poème de *Jocelyn!* Mais quoi? Les critiques qui devinent n'existent pas ; la poésie n'a pas encore eu son saint Jean-Baptiste précurseur ; M. de Lamartine eut grande peine à rencontrer au devant de son recueil, non pas une louange, mais seulement le nom d'un imprimeur et d'un libraire. Heureusement le grand poète a fait son chemin tout seul, car la conscience des peuples n'abandonne pas ceux qui lui parlent son langage éternel. Depuis ce jour aussi, parmi les plus grands critiques de notre temps, c'est à qui écrira son nom au bas des *Méditations poétiques*, mais quelque nom que vous écriviez, il sera toujours effacé, du jour au lendemain, par ce nom glorieux : Lamartine !

Non, non ! je ne ferai pas de préface à vos vers ; ce n'est pas mon droit et ce n'est pas mon devoir ; vous seriez téméraire de vous abriter à l'impopularité et à l'obscurité de mon nom ; en tout état de cause, le lecteur pourrait bien se demander qui donc je suis pour oser lui recommander ce nouveau venu dans l'arène poétique ?

Tant mieux pour vous, d'ailleurs, si vous

prenez tout d'abord votre place parmi les jeunes talents débattus et contestés ! Tant mieux pour vous si vos pas sont difficiles, si vous trouvez que la montagne est escarpée, que la chaleur du jour est grande et que, du haut de ces hauteurs souveraines, personne ne vous tend la main ! Heureux celui qui commence par des combats ! heureux celui qui cherche sa route, car, au moins, est-il sûr de ne pas se trouver dans les sentiers frayés ! Heureusement l'inexpérience ingénue, abandonnée à elle-même et qui essaie ses forces, grandit dans ces luttes ; le métier s'apprend dans ces obstacles : à force d'avoir marché longtemps et avec peine, on apprend à marcher d'un pas rapide et sûr.

Ainsi ont commencé tous vos maîtres et ceux de bien d'autres, les maîtres de ce siècle, les artistes qui laisseront les traces de leur passage ; aujourd'hui M. de Chateaubriand, le lendemain M. Hugo, et sur les pentes sévères ce rude joûteur qui a combattu pendant quarante ans de sa vie et qui est à peine reconnu encore aujourd'hui, M. Ingres en personne!

Vous le voyez, monsieur, je ne cite que les contemporains : que serait-ce donc si, dans cette histoire des traverses et des misères infinies, je voulais seulement remonter jusqu'à Homère? Juste ciel! que de génies méconnus! que de gloires attaquées! Partout je vois des Zoïles et pas un Aristarque! Dans chaque fleur, le ver qui la ronge; à chaque lyre, le coup qui la brise; à toute gloire, la haine et l'envie qui la dévorent; l'histoire poétique est une histoire de doute, d'incertitude, de blasphème, de néant! Les préfaces et les louanges des hommes ne viennent que plus tard, quand le poète est mort de faim ou à l'hôpital. Alors, autour des chefs-d'œuvre méconnus, se font les grands bruits et les grands murmures. Tel poème qui eut grand'peine à obtenir un copiste se trouve noyé et perdu dans les préfaces, dans les notes, dans les commentaires en tout genre; tous les esprits à la suite de cette gloire veulent en avoir un lambeau pour se faire un manteau à leur taille. Telle est l'histoire de la *Jérusalem délivrée*, du *Don Quichotte*, des *Lusiades*, de la *Divine Comédie* et de tant d'autres chefs-d'œuvre, accomplis dans toutes les douleurs de l'âme et du corps.

Parlons moins haut; revenons aux poèmes qui sont à notre portée. Je sais très bien que vous n'avez pas la prétention d'écrire un poème épique, et que, dans votre modestie et votre sagesse, vous vous contenterez très fort des honneurs moins dangereux et plus faciles de l'épître et de l'élégie. Alors, encore une fois, si vous regardez autour de vous, vous trouverez que la muse contemporaine, pour peu que son expression soit simple et vraie, pour peu qu'elle se mette à la portée des intelligences et des émotions de chaque jour, n'a pas besoin de nos préfaces pour réussir.

Ceux qui disent que la poésie est morte, qu'on ne veut plus de poésie et qu'on n'en lit plus guère, ceux qui prétendent que le roman, ce grand croquemitaine, a tout dévoré, et qu'en fin de compte les grosses émotions du drame et ses fureurs ont blasé toutes les âmes, et que c'est là un mal sans remède; ceux-là sont des gens qui répètent de mauvais bruits dont ils ne sont pas sûrs. Au contraire, il semble qu'à le bien prendre la poésie moderne soit en faveur; les poètes sont nombreux, il est vrai, mais tous les bien inspirés sont écoutés et applaudis; même plus d'un poète parmi les plus populaires est arrivé à la gloire. Savez-vous, en effet, un homme plus aimé, plus applaudi, plus ingénieux, à l'allure plus libre et plus vraie que l'auteur des *Contes d'Espagne et d'Italie?* Est-il possible de porter avec plus de goût la cape et l'épée? Soldat de fortune de la poésie, il est arrivé comme un véritable chercheur d'aventures, et maintenant le voilà, après les premiers obstacles franchis, le maître du poème dont il est le créateur ; il a des disciples qui marchent à sa suite ; les jeunes gens chantent ses vers, les jeunes femmes entre elles, et quand le mari est absent, les répètent tout haut. Non moins inspiré, mais plus calme et plus grave, l'auteur des *Consolations* raconte à qui veut l'entendre toute sa vie de rêverie, d'étude, de recherches, d'obscurité éclairée et radieuse. Pour quelques chansons bien faites, les refrains d'un gai buveur aux allures nonchalantes, Désaugiers s'est fait de nos jours une renommée immortelle comme la gaîté des festins qui passe, mais aussi qui revient si vite. Quelle est cette élégie plaintive, quelle est cette femme qui pleure si bien qu'elle nous fait pleurer nous-mêmes? c'est madame Desbordes-Valmore racontant à sa façon les inspirations les plus vraies de son cœur; tandis que celle-ci s'enveloppe dans sa modestie et dans sa grâce, en voici une au grand œil bleu et plein de feu, à l'œil inspiré, à la tête altière, qui se proclame d'une voix sonore la muse de la patrie, et la France d'applaudir à ce noble orgueil! Un peu plus tard vous voyez arriver du fond de la Provence cette jeune femme au sourire naïf, à la démarche timide; elle remporte en deux ans les deux palmes poétiques, elle célèbre tour à tour les miracles du Versailles ressuscité et le génie de Molière monté enfin sur son piédestal! Vous avez lu sans doute, et vous avez lu comme il faut les lire, avec toutes les sympathies du respect et de l'admiration, les vers de mademoiselle Bertin; c'est tout un poème, cette élégie! c'est toute une histoire! Douleurs cachées, mystères de l'âme, déceptions du cœur, angoisses inexprimables qu'il faut deviner sous cette enveloppe poétique comme vous devinez sous le manteau qui la recouvre la beauté de la Vénus de Milo. Un autre poète, le poète de la famille et du foyer domestique, la muse qui chante son enfant vivant et qui le pleure quand il est mort, pauvre femme qui passe ainsi, en pleurant, du berceau à la tombe de tous ceux qu'elle a aimés, madame Guinart, n'a-t-elle pas bien conquis sa place à côté de ces poètes aimés dont on demande à relire les vers comme on aime à se rappeler, le soir, les parfums enivrants et les mélodies de la campagne? Mais j'en vois partout, des poètes, dans le palais, dans la chaumière, dans toutes les situations de la vie; les riches et les pauvres marchent d'un pas égal dans cette carrière ouverte à tous; car, à tout prendre, le riche et le pauvre sont poussés par le même besoin de confier à qui veut les comprendre ses sentiments ou ses pensées; que l'instrument soit fait de bois ou d'or, la corde est la même, la corde vibrante dans tous les cœurs! Ainsi je passe, le soir, par une belle nuit d'été, devant la boutique du boulanger de Nîmes : le pain de la journée est fait et déjà mangé, le four se chauffe pour une nouvelle fournée; dans l'intervalle le boulanger est redevenu un poète et il écrit ce que Dieu lui dicte. A son métier attaché tout le jour, le tisserand Magu charme son travail en se récitant à soi-même ses plus beaux vers. J'entre par hasard dans cette obscure boutique où se balancent, au vent tiède du midi, les bassins retentissants du barbier, et il se trouve que le barbier est un grand poète, un poète qui croit au patois natal qu'il a élevé à la dignité d'une langue écrite; enfants du peuple l'un et l'autre, Jasmin et Reboul, ils ont eu tous les deux pour les encourager un homme qui se connaît en poésie, car il est peut-être le plus grand poète de cette époque, et cet homme, c'est Béranger.

Il ne faut donc pas désespérer de la poésie; il ne faut pas crier à la persécution, mais, au contraire, est-il nécessaire pour être fort d'avoir en soi-même beaucoup d'espérance.

Regardez autour de vous quelle est la reconnaissance des peuples pour les poètes qu'ils adoptent. L'autre jour toute la ville s'était portée au convoi du chantre des Messéniennes; la France entière portait le deuil du jeune poète qui l'aurait consolée de Waterloo, si la France avait pu être consolée. Quelques jours plus tard, aux portes de l'arsenal, cette maison qui se souvient de Sully, se pressait une foule éplorée accourue là pour rendre les derniers devoirs à cet ingénieux esprit, à ce charmant rêveur, Charles Nodier, pour tout dire. Ainsi il s'est trouvé que ces deux hommes étaient non-seulement célèbres, mais encore qu'ils étaient aimés, parce qu'ils avaient parlé à toutes les imaginations et à tous les bons sens; aimés parce qu'ils nous avaient fait passer des heures rapides; parce qu'on avait retrouvé celui-ci au théâtre, celui-là dans les livres, et parce qu'à cette heure suprême, le peuple les retrouvait l'un et l'autre dans ses souvenirs; voilà donc, monsieur, pourquoi je ne vous ferai pas de préface. Les bons vers n'ont pas besoin d'être annoncés à l'avance, et depuis que je suis au monde je ne connais pas de livre que même les plus grands noms des critiques les plus écoutés aient imposé à l'admiration publique.

J'ai lu vos vers, et je les ai lus avec le zèle

d'un homme qui vous aime et qui fait de grands vœux pour votre succès. Le poème sur la noble princesse que la France a perdue, celle que les artistes ses frères appellent la princesse Marie, et dont Achille Devéria a fait tout exprès pour vous une image si fidèle et si touchante, me paraît tout-à-fait digne de ce beau sujet de poésie qui renferme en même temps toutes les magnificences de l'art et de la majesté royale.—Vous avez bien fait de commencer par ce nom-là ; il est populaire chez nous ; c'est le nom d'un grand artiste, d'une passion austère, d'une grâce ineffable ; noble génie qui n'a brillé qu'une heure, mais dont le souvenir se rattache désormais aux plus chastes, aux plus grands souvenirs, à Jeanne d'Arc, dont la princesse Marie est pour ainsi dire la seconde mère. Je me rappellerai toujours, et c'est là un des instants poétiques de ma vie, que j'étais, moi, le dernier à la suite du roi des Français lorsque le roi inaugura le palais de Versailles. Cette noble foule, à la suite de son guide royal, avait traversé d'un pas solennel toutes ces immenses galeries, escortée pour ainsi dire de toutes nos majestés nationales, lorsque, arrivée tout d'un coup en présence de la statue de Jeanne d'Arc, la foule s'arrête remplie d'admiration et de respect; on ne pouvait pas se lasser de contempler ce noble marbre, ce regard inspiré, ce geste chevaleresque et chrétien, cette beauté guerrière mêlée d'une grâce toute féminine.... c'était là à coup sûr le chef-d'œuvre du nouveau Versailles; alors la foule battit des mains en demandant le nom du sculpteur? Derrière son chef-d'œuvre était cachée la princesse Marie; le roi qui la cherchait du regard et du cœur, la découvrant à cette place, désigna le sculpteur d'un geste plein d'orgueil; noble instant d'un triomphe qui devait être sitôt arrêté par la mort !

Vos vers à l'*Empereur* me paraissent un acte de courage d'autant plus grand que vous les dédiez à Béranger ; j'aime mieux votre belle louange de *Fénélon*, elle est vraie et bien sentie. La *Dernière nuit de Marie-Antoinette* et la *Mort de Bailly* vous feront honneur parmi les honnêtes gens ; vous avez raison de chanter les victimes, je vous loue et je vous aime des héros de votre adoption ; *Charlotte Corday*, le plus vrai courage des mauvais jours, les *Caveaux de Saint-Denis* dépouillés de leur royale poussière, le *Maréchal Ney*, que n'a pu sauver M. Dupin, horrible condamnation dont vous avez fait tout un drame, ce sont là autant de bonnes pages dont vous serez fier quelque jour, quand vous serez véritablement arrivé aux *chants du soir*, c'est-à-dire aux dernières inspirations que tout écrivain trouve quand il le veut dans son cœur.

C'est donc une louange qu'on peut vous donner tout d'abord ; vos vers sont d'un homme bien inspiré ; vous choisissez vos sujets à merveille : *Girodet* au tombeau, *Napoléon* replacé debout sur la colonne, *Marie-Louise* trahissant l'exil de l'empereur, *Brune* assassiné dans Avignon, *Cambronne* qui ne veut pas se rendre, le *Comte de Paris*, jeune enfant si près d'un trône que son père eût encore agrandi, voilà certes de quoi écrire de beaux vers ! Ainsi vous avez payé votre tribut aux émotions contemporaines ; vous avez suivi l'histoire à la trace de ses douleurs ; ceci fait, vous êtes redevenu un poète pour vous-même ; le poète des jours de printemps et des soirées d'automne ; vous vous êtes rappelé tous ceux qui vous aimaient et tous ceux que vous aimiez ; votre aïeule, votre père, votre mère, les saintes amitiés de la famille, les moindres détails de la maison, les fleurs du jardin, les murs de l'école, les tendresses infinies, les songes d'or, les amis qui sont partis, les enfants qui ne sont plus! La douleur de votre élégie intitulée *J'ai froid*, est une chose touchante. Mais je ne veux pas vous suivre dans vos larmes; votre livre renferme des douleurs sans consolations et sans espérance, voilà pourquoi j'en prends ma part sans vous le dire, et j'espère qu'ainsi feront tous les lecteurs de votre recueil. L'expression m'en paraît simple et châtiée; le vers est chaste et correct, le style est de la bonne école, enfin, vous avez ce grand mérite, et c'est le seul que j'aie le droit de vous accorder, vous savez vous arrêter à temps, même dans vos émotions intimes; vous savez choisir, et l'on voit dans ce frais ensemble que vous donnez à vos lecteurs *la fleur du panier*.

Bonjour, monsieur, et bonne chance! Puisse votre livre devenir, non pas populaire, car à la popularité comment donc atteindre? et d'ailleurs à quoi bon? Mais puisse votre livre rencontrer quelques-uns de ces lecteurs d'élite dont les sympathies sont acquises à tous les esprits sains, à tous les honnêtes cœurs!

Bonjour encore, et pardonnez-moi, en faveur de mon dévouement et de mon amitié, de ne pas écrire la préface des *Chants du soir*.

JULES JANIN.

Paris, 11 février 1844.

I

CHANTS HÉROÏQUES.

J'ai des chants pour toutes nos gloires,
Des larmes pour tous nos malheurs.
(C. Delavigne.)

A LA MÉMOIRE

DE

LA PRINCESSE MARIE.

POUR LA REINE DES FRANÇAIS.

> .... Une jeune princesse, délicieux modèle de la tendresse filiale, florissait pour la joie de sa famille et la gloire des beaux-arts. La mission céleste de Jeanne d'Arc était un problème pour l'histoire, le ciseau de la princesse Marie l'a résolu.—A sa mort, le deuil de la famille royale entra profondément dans la famille française; toutes les mères s'étaient senties frappées avec le modèle des mères... (*Extrait d'une lettre de* M. CH. DE LACRETELLE, *de l'Académie française.* — Juin 1843.)

Lorsqu'après les trois jours la pitié populaire

Eut banni, se jouant d'une vaine colère,

Ces princes aveuglés qui pâlissaient d'effroi,

Ton père, déposant la couronne ducale,

Ceignit le lourd bandeau de la race royale;

Car le peuple avait dit : Je le veux, deviens roi !

Ce fut beau! ce fut grand! et Dieu fera le reste!
Ce qu'on doit proclamer, c'est que lui, d'un seul geste,
Ton père a su calmer un grand flot qui montait;
D'autres, dans leurs écrits, provoqueront au crime :
Citoyen, j'admirai ce dévouement sublime
Et je le dis : sans lui beaucoup de sang coulait.

C'est quelque chose au moins pour cette noble France,
Qui, depuis cinquante ans, s'épuise en sa souffrance,
Que d'avoir rencontré l'homme assez courageux
Pour échanger ainsi les trésors de sa vie,
Et, calme, pour braver tous les coups de l'envie,
Enfin pour être roi, c'est dire malheureux !

C'est quelque chose aussi, dans les champs de bataille,
Que d'envoyer ses fils soldats sous la mitraille,
Et de les embrasser, au départ, sans pâlir,
Et quand dans les combats l'un ou l'autre se rue,
De conserver pour soi les balles de la rue,
En pensant que l'on peut, sans se revoir... mourir !

Toi, tu songeais, Marie, et loin de la tempête
Un projet glorieux t'absorbait inquiète;
Jeanne t'avait parlé, Dieu voulait vos deux cœurs;
C'est qu'aussi vous aviez l'instinct des nobles femmes,
Sur la terre et plus haut s'entendirent vos âmes
Et pour l'éternité vous étiez déjà sœurs.

Chastes filles du Ciel, seule et même merveille,
Évitant ici-bas le plaisir qui s'éveille
Le soir dans le palais, le matin au hameau;
Dieu gardait, vous prouvant son égale tendresse
Pour la vierge des champs et la noble princesse,
A l'une son épée, à l'autre son ciseau.

Aurait-on supposé quand ta main, jeune fille,
Se glissait, sous le gant, au milieu d'un quadrille,
Dans ces salons dorés où tous semblent jouir,
Qu'un rêve tourmentait ta jeune âme française
Et que pour mieux songer tout ton cœur battait d'aise
Gracieuse toujours si tu pouvais t'enfuir?

Au matin l'atelier a sa secrète joie,
Mystérieux bonjour que quelqu'un nous envoie;
Qu'elle s'y trouve bien sans futile ornement,
Alors que, rejetant les bijoux et la gaze,
Pour se livrer enfin seule à sa libre extase,
Elle prend pour parure un simple vêtement !

Mais il ne faudra pas chercher l'ardente femme
Qui de gloire tressaille et que la gloire enflamme ;
Ce sera Jeanne d'Arc, il faudra la trouver !
Des souvenirs lointains l'interprète fidèle
A su pétrir d'abord, de ses mains, son modèle,
La Jeanne d'Arc enfin que Dieu faisait rêver.

Chère enfant ! Un rayon tombant de sa fenêtre
Discret, inspirateur, la conseille peut-être :
Il veut frapper aussi sur le marbre immortel ;
Il réchauffe ce bloc aussi pur que l'albâtre,
Il joue autour de lui, capricieux, folâtre,
Amoureux messager du séjour éternel !

Et pour créer sa vierge, indicible génie,

Sous le ciseau Marie invente l'harmonie,

Elle poursuit l'essai de son vaste dessein ;

Elle ébauche d'abord cette noble figure

Et place dans les bras, en ajustant l'armure,

Le glaive que la vierge étreignait sur son sein.

Sous la main de Marie on le croirait argile

Ce marbre intelligent, il se fait tout docile,

Il lui livre déjà de gracieux contours ;

Vers elle il penche un front qui médite et qui songe,

Elle obtient ce regard qui dans l'avenir plonge

Et qui nous parlera de célestes amours.

Oui, déjà l'on présage une divine gloire,

Prodige surhumain de notre vieille histoire,

Aux temps où s'imposait la révélation ;

L'artiste veut résoudre un céleste problème,

Donner son âme enfin à la vierge qu'elle aime ;

C'est que Marie aussi poursuit sa vision !

La face s'illumine imposante et rêveuse ;
L'artiste la voudrait quelque peu dédaigneuse,
Prévoyant son destin, méprisant le danger ;
Réfléchie, inspirée, acceptant avec calme
Ici-bas un bûcher, mais plus haut une palme,
Décidée à périr pour chasser l'étranger.

D'un art calculateur invention sublime !
Son marbre la comprend, elle croit qu'il s'anime ;
Il s'éveille, il se dresse, il voudrait palpiter ;
Jeanne déjà sourit en regardant Marie,
Un ange est logé là, c'est la gloire, la vie...
Marie avec amour l'écoute respirer.

Le ciseau donne enfin la grâce et la souplesse
Au marbre tout ému de sa chaste caresse ;
Il polit le corsage où se cachaient des fleurs,
Puis il laisse arriver sous la jupe de laine
Ces pieds qui folâtraient autrefois dans la plaine,
C'est elle ! c'est la vierge aimée à Vaucouleurs !

Pour la voir la famille accourut tout entière ;
Ils étaient inondés d'une chaude lumière.
En la fixant l'aîné songeait à l'avenir,
Joinville trépignait en voyant le modèle,
Le roi profond penseur parlait de Praxitèle,
Puis il nous la donna... noble et grand souvenir !

Jeanne, restez toujours sous mon regard avide !
Mais êtes-vous de France, ou venez-vous d'Aulide ?
O Marie, as-tu donc retrouvé sous tes pas,
En promenant au loin une recherche ardente,
Dans quelque pli discret d'une feuille d'acanthe,
Le ciseau grec caché jadis par Phidias ?

Oui ! mais tu te mourais, Marie, o femme sainte !
Du palais on te dit d'abandonner l'enceinte
Où jamais le bonheur, je crois, n'a pénétré,
Et l'on te conseillait d'aller en Italie,
Cette terre divine où le malheur s'oublie,
Excepté pour les rois qui partout ont pleuré.

Pars ! enlève avec toi quelques dieux domestiques,
Ton amour pour la France et tes marbres antiques,
Et pourtant laisse-nous ton sublime ciseau !
Elle partait disant : Prends pitié de Marie,
Mon Dieu ! Mais avant tout sauve notre patrie,
Sauve le roi mon père ! à moi seule un tombeau !

Elle était déjà loin, Paris gardait ses fêtes !
Au pied de Jeanne d'Arc quelques rares poètes
D'une sœur bien-aimée acceptaient les adieux ;
On les a vus du ciel attendre la parole,
Et la foule distraite auprès de notre idole
Les rencontrait souvent des larmes dans les yeux.

Un cri se fit entendre et Marie était morte !
Ce jour, dans la cité, passait une cohorte :
Dans les deux camps rivaux on fit halte un instant ;
Vous, lorsqu'un homme, un roi, pleure, se désespère,
Trouvez donc un poignard pour le cœur de ce père
Qui saigne de sa mort ! Marie est son enfant !

Vous qui voulez de sang cimenter nos murailles,
D'une mère la mort déchire les entrailles ;
Vous n'entendez donc pas tant de soupirs perdus !
C'est la reine ! Écoutez cette voix déchirante ;
Voyez, dans son palais, cette mère souffrante
Au pied du crucifix que vous n'adorez plus !

Ah ! qui pourrait compter, dans nos vives alarmes,
Combien ses yeux de reine ont contenu de larmes,
Et combien dans sa coupe on a versé de fiel ?
Tombez donc à genoux puisqu'une femme prie !
Entendez-vous ? Seigneur, tu m'enlèves Marie,
Tu m'enlèves ma fille, un ange est dans le ciel !

Auprès de Jeanne d'Arc que le monde contemple,
Fraternisons enfin aujourd'hui dans le temple ;
Sauvez du moins l'honneur, citoyens désunis !
Et toi, Marie, et toi, sous ta double couronne,
Pour les Français, si Dieu jamais les abandonne,
Invoque, dans le ciel, ta patronne et son fils.

L'EMPEREUR.

POUR BÉRANGER.

D'où nous vint-il, sait-on bien son histoire ?
De son berceau connaît-on bien le lieu ?
Pour n'être qu'homme il avait trop de gloire,
Et pas assez de temps pour être Dieu.
Brûlant génie aux paroles sévères!
Les uns disaient : ange fort et vainqueur !
D'autres disaient : ange exterminateur !
C'était le temps où pleuraient bien des mères.

Enfants, suivez le nouveau Charlemagne !
Gloire ou revers, tout n'est-il pas commun ?
Suivez, enfants, l'éternelle campagne !
Mais, au logis, qu'il en reste au moins un.
Peut-être, un jour, il reverra ses frères
De paysans devenus généraux !
Il en revint quelquefois aux hameaux...
C'était le temps où pleuraient bien des mères.

Un jour on dit :—Vils rampants que nous sommes !—
Mortel ou Dieu, que fait-il parmi nous ?
Ange ou démon, ce n'est qu'un faucheur d'hommes ;
Veut-il enfin nous anéantir tous ?
Pour les grands cœurs paroles bien amères !
Tout s'en mêlait, incendie et frimas,
La trahison menaçait nos soldats ;
C'était le temps où pleuraient bien des mères.

Jours immortels d'incroyables tempêtes !
Le Léopard, craignant un grand courroux,

Dit au Lion, aux Aigles à deux têtes :
Grands et petits, il faut accourir tous !
Notre Aigle fort, malgré ses nobles serres,
De coups nombreux vit déchirer son flanc ;
Le Léopard, en bas, léchait le sang....
C'était le temps où pleuraient bien des mères.

Oui, dans sa main il soulevait le monde,
Il devenait un immuable appui ;
Dieu se fâcha, puis l'éteignit dans l'onde,
Il ne veut pas qu'on soit plus grand que lui.
Pour l'exilé que de larmes sincères !
On regrettait sa gloire et le danger ;
Dieu toujours bon nous donna Béranger ;
Sa noble voix consola jusqu'aux mères.

FÉNÉLON

EN MISSION DANS LA SAINTONGE [*].

> Mes bien-aimés, aimons-nous les uns les autres, car Dieu est amour.
> (SAINT JEAN.)

« Il est un Dieu ! J'y crois, le monde me l'annonce ;
Qu'est-ce que Dieu ? — Mortel, écoute ma réponse :
Faible atome, pourquoi vouloir approfondir
Celui que ta raison ne pourrait définir ?
Pour bien servir le Dieu qui punit et pardonne,
Quand ton frère demande, ouvre ta bourse et donne.

» Il est partout, ce Dieu, jusque dans le malheur ;
La consolation est sœur de la souffrance ;
Le malheureux le sent dans la douce espérance,
Le poëte en ses chants, le juste dans son cœur.

[*] Poëme couronné à Saint-Quentin.

» C'est lui que nous voyons lorsque le jour se lève ;
Il est dans le regard d'une vierge qui rêve,
Il se trouve en ces mots : voir, désirer, sentir ;
C'est lui qui nous retient au penchant de l'abîme ;
On le revoit partout excepté dans le crime,
Et près de lui pourtant il mit le repentir.

» Dans les astres plaçant sa puissance infinie,
C'est lui qui les suspend dans des flots d'harmonie ;
— « D'une suprême loi sois le premier témoin ! »
Il dit, et dans l'espace il lança notre monde ;
« Toi, soleil, reste là ! » Puis, à la mer qui gronde :
« Pas plus loin ! »

» Le tonnerre est sa voix, le soleil est sa face,
L'éclair est son regard, sa demeure est l'espace,
    Son domaine est l'immensité ;
C'est lui qui dit à l'homme : Un moment tu peux vivre ;
    Et c'est lui qui dans le saint Livre
    Traça ce mot : Éternité !

» C'est sa puissante main qui sema la pervenche
Qu'on voit fleurir au pied de cette croix qui penche
Sur l'antique rocher battu par les autans ;
Mais c'est lui qui soutient ce glorieux symbole
  Et sa main sur son auréole
   Grava ces mots : Dix-huit cents ans ! »

Vivant loin de la cour et pratiquant le bien,
Ainsi parlait, pour nous, un bon prêtre chrétien,
Un ange, Fénélon, versant sur nos blessures
Le baume adoucissant de ces paroles pures
Qui savent des mortels tempérer la douleur
Et portent nos esprits vers un monde meilleur.

  Un soir, dans le modeste asile,
 Où cet homme pieux vivait loin de la ville,
 Exerçant en secret son cœur hospitalier,
 Défenseur exclusif des caprices de Rome,
   A ses yeux apparut un homme
   Et cet homme était Letellier.

Letellier ! Dans ses traits règne un affreux sourire,
Sur son front effaré la cruauté respire,
C'est un énergumène au farouche regard,
C'est d'un inquisiteur l'aspect épouvantable;
Furieux, il brandit — alliance effroyable ! —
Une croix d'une main et de l'autre un poignard.
« — Fénélon, gloire à Dieu ! L'arche sainte est sauvée ;
Des protestants, dit-il, la race réprouvée
Va s'incliner enfin, ou tomber sous nos coups ;
Aux foudres de l'Église ils trembleront, les traîtres,
Ils apprendront de moi ce que peuvent les prêtres ;
Je suis l'homme vengeur, le céleste courroux !
L'église militante oppose aux hérétiques
L'étendard de la croix ; oui, nos saintes reliques
Guideront de soldats un bataillon ami ;
Il faudra bien enfin qu'aux palais, aux chaumières,
Ce peuple mécréant joigne, dans ses prières,
Les noms de Charles neuf et saint Barthélemy !
A l'arbre de la croix suspends donc notre hommage !
Réjouis-toi, Sion, de ce sacré carnage !

Que leurs cris impuissants, leurs tortures, leurs pleurs,
Que leur sang répandu par de justes douleurs
Montrent aux protestants à la fin qui nous sommes...
Le confesseur du prince est le maître des hommes ! »
— Fénélon hésitait et, n'osant pas gémir,
Ne répondit d'abord que par un long soupir.
— « Prêtre du Vatican, tu restes immobile !
Contre les protestants tu ne t'indignes pas,
Et peut-être écoutant ta piété stérile,
Prêtre d'un Dieu vengeur, tu craindrais les combats !
Va donc, va convertir la Saintonge indocile,
Ministre d'un Dieu fort, je t'offre des soldats...
— Prêtre d'un Dieu clément, j'aime mieux l'Évangile.
Il nous a dit d'aimer et non pas d'opprimer ;
Non, le Seigneur jamais n'a donné charge d'âme
A des soldats fougueux que trop de zèle enflamme,
Et sa gloire sans eux saura se proclamer ;
S'il faut nous ramener une illustre province,
J'accepte, avec respect, l'ordre de notre prince,
Mais pour le bien servir je veux le faire aimer. »

Il partit ; que d'horreurs il vit sur son passage !
Oh ! combien dût gémir le cœur brisé du sage
En voyant des soldats, des prêtres, des bourreaux,
Harceler, mutiler, ardents missionnaires,
Un peuple infortuné de Français et de frères
Qui, patients, tombaient sous le poids de leurs maux !

Du sang ! des cris plaintifs ! des soupirs et des larmes !
Des soldats pris de vin et des prêtres en armes !
Fanatisme odieux, voilà bien tes horreurs !
Histoire, dis aux rois cette infernale orgie,
Va leur apprendre enfin, éclairant leur génie,
Qu'ils doivent tout au moins choisir leurs confesseurs.

— « Malheureux ! pardonnez à des femmes tremblantes !
Soldats, ne souillez pas ces vierges innocentes
Ni le lit nuptial que vous osez troubler,
Et si vous mutilez l'enfance et la vieillesse,
N'insultez pas du moins par vos cris d'allégresse
    Aux pleurs que vous faites couler,

Disait le bon pasteur : — Épargnez donc leur vie,
Soldats ! avec le fer défendez la patrie ;
Par la parole ici Dieu fixe ses desseins ;
De ce Dieu que j'implore il faut suivre l'exemple ;
Le Seigneur qui chassa les marchands hors du temple
Pour sa gloire ne peut se servir d'assassins. »

Les soldats étonnés écoutaient sa parole ;
Ils étaient fatigués de cet ignoble rôle ;
Ils avaient dans le cœur quelques remords confus ;
Et les dragons, honteux, abaissant leur crinière,
S'en allaient humblement, comme dans la tanière
    Rentrent les animaux repus.

Alors aux dissidents il parlait comme un père :
« Enfants, je suis venu plaindre votre misère ;
Frères, souffrez pour Dieu qui pour vous sut souffrir ;
Mes amis, du courage ! Un jour plus pur s'avance ;
Aujourd'hui bien des maux, demain la Providence !
N'oublions pas qu'il faut prier, aimer, bénir !

Dieu nous voit ; soyons tous de la même famille,

Notre vivante Église est son unique fille,

Le schisme la détruit et Dieu veut l'unité ;

A son même festin, oui, ce Dieu vous convie,

Et j'apporte chez vous la parole de vie :

Tolérance et fraternité. »

Ainsi parla longtemps l'homme de la concorde,

A toutes les erreurs trouvant miséricorde ;

Pour nos frères enfin la lumière avait lui ;

Au bruit de cette voix ici ma voix s'arrête,

Devant l'homme de Dieu disparait le poète,

Comme lui pour parler, il faudrait être lui.

Car il trouvait toujours une force nouvelle ;

D'un feu venu d'en haut la sublime étincelle

Enflammait le pasteur au milieu du troupeau ;

Pieux, agenouillés au fond du sanctuaire,

Les nouveaux convertis quand il quittait la chaire

Baisaient le pan de son manteau.

Ministres d'un Dieu vrai qui voulez qu'on vous aime

Ne rapetissez pas la puissance suprême

Sous le triste niveau de notre infirmité ;

Imitez Fénélon, prêchez la tolérance,

Car si Dieu peut avoir des désirs de vengeance,

Sa puissance sans vous suivra sa volonté !

De cet homme de Dieu révélant le génie,

Tels étaient les débuts d'une si belle vie

Qu'immortel, dès ce jour, il aurait pu mourir.

Oui, le grand Fénélon encore à la barrière,

Quoique jeune, déjà commençait sa carrière

Par où d'autres voudraient, au terme, la finir.

Quand il quitta ces lieux où la vertu paisible

Avait toujours trouvé dans son cœur accessible

Un appui généreux, vénérable et chéri,

Le jour où s'éloigna cet homme évangélique

A vu couler, hélas! de la douleur publique

Peut-être autant de pleurs qu'il en avait tari.

Et pour remercier l'auteur de la nature,
Quels autels obtiendra cette vertu si pure ?
Par quels nouveaux honneurs va-t-on la publier ?
Triste condition de la faiblesse humaine !
Fénélon, au retour, victime de la haine,
Hélas ! était réduit à se justifier.

Mais l'orage a passé, le calme le remplace,
Et Louis, d'un grand cœur qui découvre la trace,
Confie à sa vertu l'enfance d'un Bourbon ;
Ce fut un doux espoir pour nos tristes provinces !
Un jour, fasse le ciel, pour élever nos princes
    Qu'on trouve encore un Fénélon !

DERNIÈRE NUIT DE MARIE-ANTOINETTE.

> Les reines ont été vues pleurant
> comme de simples femmes.
> (CHATEAUBRIAND.)

Si, courbé sous le poids de fardeaux accablants
Le pauvre campagnard qui chemine à pas lents,
Le soir, triste et souffrant regagne sa demeure,
Le pauvre campagnard soupire et souvent pleure ;
Si ses enfants, pour prix d'un travail journalier,
S'arrachent les morceaux d'un pain noir et grossier,
Si la misère est grande, alors il se lamente ;
C'est qu'on souffre beaucoup lorsque la faim tourmente !
Peut-être il se souvient que dans de meilleurs temps
Il a vu les palais et les chars éclatants,

Qu'il a vu, vieux soldat, aux cités merveilleuses,
Des reines qui passaient en tuniques soyeuses;
Pensant alors à ceux qui comptent par millions,
Il soupire et se dit : pour les miens des haillons!
Ah! quand il parle ainsi devant le Dieu qui l'aime,
Le pauvre campagnard ne sait pas qu'il blasphème;
Oui, quoique pauvre il peut sur son lit sommeiller
Et la faim ne vient pas toujours le réveiller;
Le sommeil à ses maux donne une utile trêve
Et souvent dans la nuit il poursuit un vain rêve;
Le lendemain, aux champs, il peut, à son réveil,
Ouïr l'oiseau des bois saluant le soleil;
Dieu, comme à ses oiseaux, lui donne aussi la vie;
Au malheur d'être roi pourquoi porter envie?
Habitons à l'écart les modestes chalets,
Car la foudre toujours gronde sur les palais.

Naguère elle était reine, aujourd'hui pauvre veuve.
Pour elle se prépare une dernière épreuve,

Car ils l'ont condamnée ! Elle est mère pourtant ;
Mais une mère est peu quand l'échafaud attend.
Maintenant que fait-elle à la Conciergerie ?
Elle pleure, la reine, elle soupire, et prie.
Lorsque jadis quittant un bal délicieux,
Distraite, elle adressait une parole aux cieux,
La prière courait à peine sur sa bouche,
Puis, aimante et folâtre, elle allait vers la couche
Où l'accueillaient bientôt les caresses du roi ;
Aujourd'hui le malheur se montre et dit : C'est moi !
Adieu, brillante cour du château de Versailles,
Où les seigneurs faisaient les récits des batailles ;
Adieu séjour des arts, bosquets de Trianon,
Où passa Lavallière, où s'assit Maintenon.
Les temps ont bien changé ! Plus rien que la prière !
Souvent l'on naît princesse et l'on meurt prisonnière.
Aujourd'hui les geôliers servent de courtisans,
Et pour les doux concerts, pénètre des passants
Jusqu'au fond du cachot le menaçant murmure,
Puis, pour son lit royal, une couche bien dure !

Sur ce triste grabat où la mort la conduit
Elle se couche alors : c'est sa dernière nuit.

Mais bientôt de la reine un bruit frappe l'oreille ;
Ce bruit, qu'elle redoute, en sursaut la réveille ;
Son rêve de douleur, la douleur l'abrégea.
— Du courage ! Debout prisonnière !... — Déjà !
Elle croyait toucher au moment du supplice ;
Alors elle invoqua la divine justice ;
Puis, un moment, cachant sa tête dans ses mains :
— Auteur de la nature, o père des humains,
Arbitre de mes jours, je te les sacrifie ;
Mais pour m'aider au moins à sortir de la vie
Et laisser mes enfants dans ce funèbre lieu,
Qui viendra les bénir et me soutenir ? — Dieu !
Elle croyait rêver, Antoinette, ô surprise !
Au fond du noir cachot un autel s'improvise,
Un prêtre a revêtu l'habit sacerdotal
Et, s'allumant sans bruit, un flambeau sépulcral

Projette sur les murs sa douteuse lumière,

Et le prêtre soudain commence sa prière.

— Le Dieu des malheureux vient au devant de vous,

O fille des Césars ; à genoux ! à genoux !

Voilà le Dieu vivant, voilà la sainte hostie !

— Ce Dieu ! j'y crois toujours, je pleure et m'humilie.

— Nous devons recevoir tout ce qu'il veut donner ;

Dieu ne s'explique pas, mais il sait pardonner.

Organe auprès de vous d'un sacré ministère,

Lorsque mon cœur vous plaint, ma voix doit être austère.

Écoutez ! au palais vous reçûtes le jour ;

Vous naissiez et déjà vous aviez une cour

D'ambassadeurs, de grands dont l'humaine faiblesse

S'inclinait à vos pieds et vous disait : Princesse !

Et les longs cris de joie et la voix du canon

A vos humbles sujets répétaient votre nom !

Tous ils s'humiliaient, tous ils baissaient la tête,

Et les pauvres, de loin, aperçurent la fête.

Pétrie ainsi que nous et de boue et de sang,

Une femme pourtant vous porta dans son flanc !

— Je le sais ; mais ce peuple excitant nos alarmes,
Libre par nous, veut donc nos têtes ou nos larmes?
La liberté! Depuis que ce vain mot a lui,
Le peuple veut du sang! — Reine! ce n'est pas lui!
— Eh quoi! ce ne sont pas les femmes de la halle
Qui, sous mes yeux, portaient la tête de Lamballe?
Et ce n'est pas ce peuple, ivre et criant la faim,
Qui venait à Versaille et demandait du pain?
Et mon royal époux, qui vint briser sa chaîne,
N'a-t-il donc pas senti tout le poids de sa haine?
Il a tué Louis, il me tue aujourd'hui,
Il tuera mes enfants! — Reine! ce n'est pas lui!
Ne mêlez pas son nom à ce sanglant orage;
Le malheur vous égare, il n'est pas son ouvrage.
Eh! qu'importent à lui les rois ou les tribuns?
Les maux qui viennent d'eux, ces maux lui sont communs;
Souvent le roi l'opprime ou le tribun l'égare;
Le peuple est toujours bon, jamais il n'est avare,
Car il donne toujours, ce travailleur souffrant,
Aux riches ses sueurs, ses fils au conquérant ;

Il couche sur la paille, et les grands sur la mousse;
S'il se plaint, on le fuit; s'il crie, on le repousse;
Aussi, prêt à mourir, invoquant son appui,
Le roi le savait bien; reine, ce n'est pas lui!
Non, ne vous plaignez pas, vous jadis souveraine,
De monter près du roi sans vos habits de reine;
Pensez-vous que celui qui mourut sur la croix
Admette auprès de lui bien des riches, des rois!
Ceux qui nagent ici toujours dans l'abondance,
D'arriver jusqu'au ciel ont bien peu d'espérance;
A quoi servirait donc ici-bas de souffrir,
Aux faibles de tomber, aux pauvres de mourir?
Que si Dieu vous éprouve, eh bien! soyez docile;
Si jamais vous avez médité l'Évangile,
La pauvreté, chez nous, tomba sous le viol;
Aux yeux de Jésus-Christ la richesse est un vol.
Vous méritiez, ma fille, une obscure chaumière
Où, sans faste, à l'écart, une simple prière,
Quand dans la huche reste un seul morceau de pain,
Demande que pour dix on en trouve demain.....

Et le trouvera-t-on ? Ce sont ceux-là, ma fille,
Que l'on admet là-haut au banquet de famille !
Vous, martyr autrement, bénissez le trépas...
— Mon père ! j'ai souffert bien plus qu'eux ici-bas !
— Du courage, ma fille, oui, vous devez sourire ;
Un royaume n'est rien près du céleste empire !
Partez donc, rejoignez votre royal époux :
Quand nous montons au ciel le voyage est bien doux !
Ma fille ! on vous attend aux voûtes éternelles,
Et, pour vous enlever, les anges ont des ailes !...
— Mon père, pour partir, hélas ! j'en laisse deux...
Mes enfants ! mes enfants ! — Que Dieu veille sur eux !

On dit qu'en cet instant d'ineffable mystère
Où le divin Sauveur redescend sur la terre,
Le cachot s'éclaira de célestes lueurs ;
Qu'on entendit, au lieu de sanglots et de pleurs,
Quelques voix du Seigneur murmurer les louanges,
Et le doux frôlement des ailes de ses anges.

Tout disparut bientôt, c'était le point du jour.
Avec de vils jurons pénétrant dans la tour,
Lorsque la garde vint chercher la prisonnière,
Elle trouva la veuve achevant sa prière,
Et deux enfants passaient, implorant les bourreaux,
Leurs innocentes mains à travers les barreaux.

MORT DE BAILLY,

MAIRE DE PARIS.

> Horresco referens.
> (Virgile.)

> Au milieu des atrocités sa mort parut atroce.
> (Arnault.)

C'était quatre-vingt-treize, époque de trépas !
Secouant sur Paris son manteau de frimas,
Novembre de nos bois dépouillait la parure ;
Tout gémissait alors, les hommes, la nature.
Honteuse et se courbant sous un règne orageux,
La ville regrettait ses fêtes et ses jeux,

Et sur son piédestal, au lieu d'une statue*,

Elle voyait toujours debout celui qui tue;

Ce jour, les bras croisés, l'homme au loin regardait;

Que faisait-il donc là, lui! Rien; il attendait.

C'est celui dont le glaive a frappé Louis seize;

A l'actif ouvrier de son quatre-vingt-treize,

Lui qui n'est jamais las, la Montagne a donné

Vergniaud, Duchâtel, Dupperet, Gensonné,

Brissot, Ducos, Bauvais, Antiboul et Fonfrède,

Car à ce poignet fort il faut bien que tout cède,

Excepté Valazé, guillotiné, dit-on,

Cadavre transpercé par le fer de Caton.

On dut penser alors que dans Lacédémone,

Les Éphores, d'Agis arrachant la couronne,

Prirent aussi sa tête... Ils se sont repentis!

Un roi vaut toujours mieux que le choc des partis.

Mais voici des faubourgs les clameurs fraternelles!

D'une fournaise ardente horribles étincelles,

---

* C'est sur le piédestal de la statue de Louis XV qu'était le plus souvent dressé l'échafaud.

Leurs piques sont debout; ces épais bataillons
De nouveaux combattants tout couverts de haillons,
Cette foule en tumulte envahissant la rue,
C'est l'enfer, tout l'enfer qui s'ébranle et se rue;
La terre semble au loin tressaillir sous leur poids,
Le ciel s'émeut au bruit de leur cent mille voix;
Mais on entend aussi de joyeuses paroles,
Car des femmes, ici, doivent remplir leurs rôles;
Aux spectacles de mort elles viennent toujours,
Le sein nu, sein meurtri par d'infâmes amours;
Dans les jours du carnage, excitant leur délire,
Pour les plus résolus elles ont un sourire,
Apportent, s'il le faut, ou le fer, ou le feu;
L'échafaud, c'est l'autel, et le bourreau, c'est Dieu!
Le meurtre est la vertu, le pardon est le crime;
Nous allons voir les fleurs qui couvrent la victime...
Enfin, vers l'échafaud l'on ne vient pas en vain,
Puisqu'on rencontre là des hommes et du vin,
Du sang... et tout à l'heure une longue torture!
Au-dessus de la foule, une grave figure

Apparaît au lointain ; c'est celle d'un vieillard ;
Pour le peindre, il faudrait Raphaël et son art.
Sans craindre ni maudire une foule insensée,
Du vieillard absorbé dans sa triste pensée
Le visage est serein, le maintien recueilli ;
Je l'ai nommé, c'est lui, le vertueux Bailly !
On l'entourait ainsi de cette même garde
Quand il offrit au roi notre illustre cocarde ;
Maintenant une corde attache cette main
Puissante hier encore, immobile demain.
Victime réservée au milieu de l'arène,
Le lion déchaîné pour sa fête l'entraîne ;
Il l'entoure, il le flaire avant d'être abattu,
C'est le crime debout combattant la vertu ;
C'est le démon et Dieu ; c'est le calme et la rage,
C'est un rayon du ciel que tourmente l'orage ;
En haut c'est l'ouragan, en bas c'est l'échafaud !
Y monter, ce n'est rien, on sait bien qu'il le faut !
Bailly monte et pourtant retombe sur la terre...
— Au Champ-de-Mars, a dit une voix de tonnerre !

Mille bruits dans les airs alors s'entrechoquaient ;

Sur le sombre horizon deux tempêtes grondaient.

Jusqu'ici du vieillard la douleur est muette ;

On le pousse bientôt sur l'horrible charrette

Où l'on place, avec lui, le fatal instrument,

Puis les bourreaux, sans prêtre, à ce dernier moment !

Qu'il est long le trajet qui donne vingt supplices !

Les infâmes, grand Dieu ! jettent des immondices

Sur le front de Bailly, qui voit sans s'effrayer

La fange que sa main ne peut pas essuyer ;

Il murmure pourtant cette seule parole :

— Te voilà, peuple ingrat, et je fus ton idole!

— Silence ! Le grand peuple enfin veut se venger !

Qui marche contre un roi doit savoir l'égorger,

Bailly ! — Bien dit ! — Allons, enfants de la patrie ! —

Bonjour, Samson ! — Du feu ! — Tuez ! — A la voirie !

— Vive la liberté ! — Debout Bailly ! debout !

— A bas l'aristocrate ! — A la corde ! — A l'égout ?

Puis un autre orateur des bornes de la rue :

— Un moment ! citoyens, il faut qu'on le salue !

Il saluait hier, il s'en repentira,

La femme de Capet! — Ça ira! ça ira!

Mille coups redoublés meurtrissent son visage;

Un autre vient lui dire en narguant son courage :

Tu trembles, citoyen, tu trembles! — C'est de froid!

Non! ce n'est pas de peur, et la France te voit!

Du courage! il en faut! L'échafaud se redresse,

Du bonheur prolongé c'est l'instant d'allégresse!

Un homme sons ses yeux vient brandir un drapeau,

Le brûle et, sur sa joue agitant l'oripeau,

Fait pleuvoir par milliers ses flammèches cruelles ;

La face de Bailly reçoit les étincelles,

Le feu ronge son front, court dans ses cheveux blancs;

De ses membres transis ruisselant à torrents,

La pluie aussi se mêle à son cruel martyre ;

Brûlé, glacé de froid, le grand homme soupire,

Appelle le bourreau, le presse, le bénit...

Le couteau tombe enfin, le supplice finit,

Et, promenant sa tête au sommet d'une pique,

La foule crie au loin : Vive la république!

CHARLOTTE CORDAY.

> Te baigner dans le sang fut tes seules délices,
> Baigne-toi dans le tien et reconnais les Dieux.
> (André Chénier.)

Ne croyez pas que Dieu laisse rien au hasard !
Sa justice parfois dirige le poignard ;
Oui, je le dis bien haut, pour venger la victime
Un crime est vertueux quand il punit le crime ;
Lorsqu'un monstre surgit on doit le renverser,
Et si l'homme punit, Dieu sait récompenser.

Entendez-vous là-bas ? c'est l'ouragan qui gronde,
Qui menace, rugit ; malheur à la Gironde !

L'ouragan c'est Saint-Just, c'est Lebas et Couthon,
C'est le farouche Hébert, le sauvage Lebon ;
C'est cet incorruptible à la lèvre pincée,
Laissant papilloter sa diffuse pensée ;
L'ouragan c'est surtout l'infâme scélérat,
Le cruel, sanguinaire et dégoûtant Marat !
Voyez se balancer, échevelée, énorme,
Sur ce frêle support cette tête difforme !
Voyez-vous cet œil fauve à l'insolent regard,
Hébété quelquefois et plus souvent hagard !
On dirait l'orateur de quelque tabagie
Dont le geste aviné veut dominer l'orgie ;
Marat que vous voyez le premier à ce rang,
Il a soif... qu'on lui donne une coupe de sang !
Mais que nous veut-il donc ce démon des tempêtes,
Que nous veut-il enfin ? Rien ! trois cent mille têtes !
Et si vous résistez, Marat l'opérateur
Fait venir à son aide Henriot le voleur ! *

---

* Tout le monde sait que le premier métier de Marat fut d'être
charlatan, vendant des drogues aux halles et carrefours de Paris, et

Français n'invoquons plus ces jours d'un grand naufrage!

En voulant retremper le sol par un orage,

Je vous le dis, craignons d'attirer sur nos pas

L'ouragan qui détruit, mais ne rafraîchit pas.

Je dis que dans mille ans on ne voudra pas croire

L'écrivain scrupuleux qui peindra cette histoire ;

Je dis qu'on traitera de fantasque rêveur

Celui qui, dans mille ans, dira ce mot : Terreur!...

Eh! comment, en effet, croire dans un autre âge

Que des hommes ont pu l'inventer, cet orage,

Et tourner contre nous, dans leur férocité,

Le glaive qui devait servir la liberté?

Qu'ils ont pu, mutilant le vieillard et la femme,

Pour torturer leur corps, tout en riant de l'âme,

---

que le citoyen Henriot avait été condamné pour vol avant que, par la protection de Marat, il pût parvenir au grade de commandant de la garde nationale; protégé bien digne de son protecteur!... Qui croirait que de nos jours on trouve des écrivains de talent pour préconiser les vertus de tels hommes? — La république eut ses héros et ses grands caractères : ce ne furent pas Marat et ses pareils.

Serrer un bras ami dans un impur lien
Avec un autre bras, peut-être un seul soutien?
Oui! joyeux bateliers chantant la barcarole,
Ils ont su réjouir le cours de la gondole;
Ils ont gaîment vogué, cruels immolateurs,
Ils ont ri des soupirs, des prières, des pleurs;
Farouches inventeurs d'un horrible homicide,
Ils ont lâché soudain la soupape perfide
Et poussé dans les flots cent couples enchaînés!
Enfin on les a vus, ces monstres acharnés,
Briser sous l'aviron, reparus à la plage,
Des crânes accouplés... c'était leur mariage!!!
Et savez-vous enfin, il faut l'écrire ici,
Ceux qu'ils aimaient surtout à marier ainsi?
C'est un songe à frémir, on doit douter peut-être,
C'était un vieillard nu, le plus souvent un prêtre,
La femme nue aussi, — dirai-je cette horreur?
C'était un faible enfant, une timide sœur
Qui, dans un hôpital, commençant sa carrière,
Au malade apportait des soins et sa prière!

Et Nantes vit cela ! L'infâme meurtrier
Qui mariait ainsi, son nom était Carrier !

Et toi, Lyon, et toi. . . . .

Vous prétendez en vain, hommes de passions,
Qu'il leur fallait alors ces immolations !
Dans mille ans le lecteur pâlissant sur leur livre
Verra, pour notre honneur, une femme survivre.

Et pour se délasser, quittant son souterrain, *
Marat était venu s'étendre dans le bain ;
Au-dessus du *Labrum* se montrait cette tête,
Cette tête hideuse, oscillante, inquiète ;
On lisait sur ce front pâle : La mort est là !
Lui, fixant tour à tour et Brutus et Sylla,

---

* Ses craintes personnelles ne lui permirent jamais de se montrer dans l'action, et une cave lui servait ordinairement de refuge pendant le danger.
(*Biographie des contemporains.*)

Mêlait dans un soupir de grossières injures;
Il menaçait tout bas de punir des parjures,
Puis tout à coup muet il fixait le plafond;
Rien n'interrompait plus un silence profond,
Rien que le bruit de l'eau quand sa main décharnée
Allait toucher la feuille aux bourreaux destinée,
Où, tracés pour demain, à ceux d'avance écrits
Il ajoutait encor quelques noms de proscrits.

Oh! laissez-la passer la vierge noble et belle!
Oh! laissez-la passer... Son regard étincelle;
C'est l'amour des Français qui dirige ses pas;
Sombreuil a bu du sang, mais n'en répandait pas...
Charlotte vient venger l'humanité flétrie!
— Qui t'amène en ces lieux? — L'amour de la patrie!
— Quel est ton nom? — Corday. — Mais quel est ton espoir
En venant chez Marat, citoyenne? — Te voir!
— Viens-tu solliciter la grâce de ton père,
D'un parent, d'un ami, d'un amant, de ton frère?

Enfant, tu chercherais d'impossibles faveurs,

Car le salut public mérite quelques pleurs!

Citoyenne, on travaille au bonheur de la France!

D'autres ont abattu l'orgueil de la naissance,

Ils ont brisé le trône et crié : Liberté!

Eh bien! ce fut trop peu; je veux l'égalité,

L'égalité pour tous, la parfaite harmonie;

Chacun aura sa part de terre et de génie;

Maintenant j'abattrai qui voudra s'élever.

— Et comment nommes-tu ce projet? — Niveler.

— Mais la vertu, l'honneur, la craintive innocence,

La croyance d'un Dieu, la douce bienfaisance?

— S'ils viennent d'une femme, à défaut de prison,

On en fait sur un char la déesse Raison;

Mais nous savons choisir pour ces honneurs sévères

Des cœurs grands, éprouvés, surtout les filles-mères;

N'as-tu pas aspiré, femme, à ce noble rang?

Parle donc, que veux-tu?—Moi, moins que rien, ton sang!

Je veux ton sang, Marat, ton sang, Marat l'infâme,

Tiens! Pour te poignarder il fallait une femme!

Oh oui! tu frappas juste! il atteignit au cœur!
Oh oui! tu disais bien, o Charlotte, o ma sœur!
Arrière, arrière donc, vertu pusillanime!
Oui, dans le cœur d'un monstre un poignard est sublime!

La fortune est changeante et voilà de ses jeux!
Maintenant débats-toi dans ton bourbier fangeux,
Marat! Bois, c'est ton sang et la France se venge!
Bois! c'est la main de Dieu qui t'envoya son ange!
Écoute cependant, l'ange est encor debout:
Demain le Panthéon, après demain l'égout!
Adieu, Marat, adieu! — Vous, sbires, qu'on l'entraîne;
Serrez ses blanches mains dans une étroite chaîne!
Versez la calomnie à sa coupe de fiel,
Sa tête, elle est à vous, mais son âme est au ciel!

DANS

LES CAVEAUX DE SAINT-DENIS.

───❖───

Parmi ces monuments qu'un demi-jour éclaire,
Fouillant jusqu'au passé de Clovis ou Clotaire,
Quand j'interroge ici ces lugubres tombeaux,
Je cherche à rassembler les crimes de l'histoire
Et j'en trouve beaucoup! Le plus cruel à croire
Est celui qui souilla ces illustres caveaux.

Respectez le penseur sans intérêt, sans haine,
Qui ne demande rien, qu'aucun pouvoir n'enchaîne,
Qui médite, en pleurant, sur des malheurs communs ;
N'importe dans quel rang honorant la victime,
Dont le langage humain sait pourchasser le crime,
Qu'il nous vienne des rois, ou d'aveugles tribuns.

— Bien ! me dit un vieillard à face vénérable,
Ce que tu viens de dire, o mon fils, est louable ;
J'arrive de bien loin, j'ai connu le malheur ;
Chez les Européens pour devenir plus sage,
En France je termine un long pèlerinage
Et je viens voir vos rois ; conduis le voyageur.

— D'où venez-vous ? — Qu'importe ? Un étranger qui passe
Au soleil, au caveau partout doit trouver place ;
Nous sommes fils de Dieu, nous connaissons ses lois ;
Vous de dérisions vous n'êtes pas avares...
J'arrive, si tu veux, du pays des barbares
Qui tuent leurs ennemis et respectent leurs rois.

Enfin j'ai voulu voir cette orgueilleuse France
Où la pitié, dit-on, est sœur de la souffrance,
Où malgré tant de torts vos rois sont embaumés ;
Chrétien, guide-moi donc dans ces tombes splendides ;
Fais ouvrir quelques-uns de tous ces cercueils...—Vides!
— Eh quoi! Les corps des rois, des reines?...—exhumés!

—Qu'en avez-vous donc fait? Vouliez-vous, par les flammes,
En mêlant leurs débris purifier leurs âmes
Pour les confondre ensemble au jugement dernier?
Votre François premier, votre bon Henri quatre,
Vert galant, chantez-vous, qui sut boire et se battre,
Qu'en avez-vous donc fait, où sont-ils? — Au charnier!

Le vieillard dans ses mains se cacha : — Crime atroce !
Souvent, dans mon pays, une hyène féroce
Sur les tombeaux, la nuit, promène sa fureur ;
Elle gratte longtemps sous ses griffes cruelles,
D'une femme en lambeaux déchire les mamelles :
Le lendemain la loi punit le fossoyeur.

Chez nous on voit, malgré les sifflements des balles,
Dans un coin ignoré de rares cannibales
Parfois manger un homme, effroyable repas !
Chrétiens ! de vos rois morts enfin que vous importe
Si les os vermoulus gardent quelque chair morte ?
Pourquoi les déterrer ? Vous ne les rongez pas !

France ! c'est toi qui veux faire le tour du monde,
Fertiliser partout chaqne terre inféconde
Par le sang de tes preux coulant sous les drapeaux !
Avant de nous parler d'active propagande,
Fais-nous ta liberté moins cruelle et plus grande
Et rends leurs ossements à ces anciens tombeaux.

Pour toi le Christ avait une chaude lumière,
Elle est trop vive, hélas ! pour ta faible paupière ;
France ! comprends enfin un jour ce qu'il a dit ;
Le Christ n'a pas parlé pour te créer le doute....
Son père a des millions d'étoiles qui font route ;
La patrie est un point, Dieu n'est pas si petit !

— La nuit, que le caveau rendait aussi plus sombre,
Déjà sur Saint-Denis projetait sa grande ombre ;
Le gardien nous prévint, car il se faisait tard ;
Et moi, sans raconter que quelques-uns regrettent
De ne plus voir ces jours que nos larmes rachettent,
Honteux, quoique Français, je quittai le vieillard.

A MONSIEUR

DUPIN AINÉ,

DÉFENSEUR DU PRINCE DE LA MOSCOWA.

Monsieur,

Lorsque vous aurez lu mon chant de douleur sur la mort du maréchal Ney, il vous sera facile de vous convaincre que, dans un pays qui a besoin de calme, je n'ai pas voulu faire appel aux passions; ce chant n'est qu'une fleur modeste jetée sur la tombe de l'un des héros aux temps de l'empire; rien de plus. Mais, tout en ménageant ceux qui crurent devoir voter la mort, j'aurais été ingrat si je ne vous avais dédié ce poème, à vous, dont le dévouement au malheur illustre est, en cette occasion, un incontestable titre à la vénération de la postérité.

Je suis, avec respect, Monsieur,
votre très humble
et très obéissant serviteur,

CH. PAUFFIN.

CHANT DE DOULEUR

SUR LA MORT DU MARÉCHAL NEY.

I

L'ARRÊT.

> Douloureuse condamnation !
> (Lally-Tollendal.)

. . . .

En étouffant ce cri de regrets trop fervents
J'ai dit : Prière aux morts et respect aux vivants !

II.

LES ADIEUX.

> Éloignez-vous..... à ce soir !
> (*Dernières paroles du maréchal
> à sa famille.*)

Ce soir, — faut-il toujours qu'on soit entouré d'elles ? —

On avait du palais doublé les sentinelles ;

Une femme à présent seul et dernier appui

Veut en vain, au château, crier : Grâce pour lui !

Mais on ne passe pas ; la sévère consigne

N'écoute pas les cris d'une douleur insigne ;

Mon Dieu ! ceux qu'il guidait jadis dans les combats

Ne savent qu'obéir et puisqu'ils sont soldats,

Roulez-vous à leurs pieds, poussez des cris de femme,

Parlez-leur du héros, de vos fils, de votre âme,

D'une gloire inouïe aux jours qui ne sont plus,
Vous ne passerez pas et malheur aux vaincus!

Repoussée, elle vient vers le funèbre asile
Où déjà le héros dort d'un sommeil tranquille;
Il dort sans désirer ni craindre le trépas,
Il dort, il dort en paix, ne le réveillez pas!
Il rêve; sur sa bouche erre un léger sourire!
Il rêve, c'est la gloire et son noble délire!
Fuyez tous devant lui, fuyez, peuples vaincus!
Pour contenir encor l'Europe conjurée,
Il commande, vainqueur, la phalange sacrée,
Et son nom vaut toujours cent mille hommes de plus!
Peut-être, partageant leur innocente ivresse,
Il s'associe aux jeux de ses fils qu'il caresse;
Sautant sur ses genoux, touchant de près son cœur,
Ils se montrent joyeux l'étoile de l'honneur;
Sa main la cherche aussi... quelle pâleur subite!
Cette croix est absente.... il soupire.... il s'agite,

La colère a passé sur son front contracté
Qui bientôt s'adoucit brillant de majesté.

Cette gloire! où trouver quelque nom qui la nomme?
O malheurs de ces temps!—Allons! debout, grand homm
Un cœur lâche s'émeut du malheur qui l'abat;
A toi la force d'âme et ce dernier combat!

Réveille-toi! La mort vient t'en apporter l'ordre!
Regarde tes enfants se débattre, se tordre!
Regarde, si tu peux, et sans pâlir d'effroi,
Ces femmes t'entourant de leurs mains suppliantes,
Laissant sortir ces mots de leurs lèvres tremblantes :
— C'est nous! c'est toujours nous, nous mourrons avec
Ah! que n'est-il tombé transpercé d'une balle,
Comme Desaix, Marceau, Lannes, Duroc, Lasalle!
Ah! que n'a-t-on, hachant tout son corps par morceaux,
Aux Cosaques du Don partagé ses lambeaux!
Du grand homme frappé la France eût été veuve,
Mais lui n'eût pas subi cette dernière épreuve!

Sur un champ de bataille on peut ouïr des cris,

Voir des corps mutilés, d'effroyables débris,

Cadavres palpitants dans le sang, la poussière ;

La victoire en courant élude leur prière ;

Mais tombé, mais vaincu, lorsqu'on est en prison

Avec tout son sang-froid, son calme, sa raison,

Entendre sangloter des enfants et des femmes....

Dans un monde inconnu, cherchez, cherchez des âmes !

Et pourtant ce grand cœur souffrant mille trépas

Semble encore impassible.... On ne le comprend pas !

C'est qu'il espère en Dieu pour sa dernière palme ;

Il sait cacher ses pleurs, toujours grand, toujours calme ;

En leur parlant tout bas, il bénit ses enfants...

Le ciel parle parfois par la voix des mourants.

Oui, ce grand cœur est là ! sa tranquille parole

Même en les abusant les soutient, les console ;

Il leur promet encor de leur parler le soir ;

Pour la dernière fois un baiser les rassemble,

Le héros se raidit et pourtant l'homme tremble...

— Allons, éloignez-vous, mes amis ; au revoir !

Au revoir ! dans les cieux, car le pasteur s'avance !
A ces tiraillements succède un long silence ;
Ney s'entretient du ciel avec l'homme de Dieu,
Et la religion, au palais, sous le chaume,
Sur toutes les douleurs qui sait verser le baume,
Aux lèvres du mourant pose un baiser d'adieu.

Le pasteur, qui connait la piété sincère,
Dans un homme tombé ne voit jamais qu'un frère.
O prêtres ! puissiez-vous, consolant tous vos maux,
Accomplir comme lui votre saint ministère
Et, sans les distinguer préparant nos tombeaux,
N'avoir d'autres accents que ceux de la prière !

III.

L'EXÉCUTION.

Près d'un brillant foyer où la flamme pétille,
N'avez-vous jamais vu les vétérans conteurs
Se pressant, se serrant, s'arrangeant en famille,
Parler souvent de gloire et parfois de malheurs?

C'était au Luxembourg; soumis à d'autres règles,
Ils servaient pour les lis, mais pensaient à leurs aigles;
Ils aimaient tour à tour à redire un exploit;
L'aube douteuse encor commençait à paraître
Et le givre en tombant traçait sur la fenêtre
Ces dessins inégaux qui présagent le froid.

Par contraste on citait le ciel des pyramides;

Du pape l'on narguait les soldats intrépides;

On chargeait les Anglais, on battait les Saxons;

On parlait des dangers courus en Ibérie;

Et le vent déchaîné soufflant avec furie,

De Moscou, de Smolensk, on citait les glaçons.

— Un ancien : — Mes amis, mon héros est Eugène;

Voilà ce que j'appelle un brave capitaine

Qui conduit et qui sait ramener le soldat!

Savoir battre en retraite est peu commun en France!

— Un autre : — Mes enfants, en parlant de vaillance,

Pour citer un guerrier il faut nommer Murat!

Sur ses pas le Français n'a pas connu d'alarmes;

Ce fut un bon soldat, un roi mal conseillé...

Vous savez qu'il est mort?—Comment donc?—Fusillé!

L'ancien qui dit ces mots essuyait quelques larmes,

Lorsque évoquant soudain un sombre souvenir,

D'autres ont répondu par un profond soupir.

On eût cru qu'ils avaient quelque chose à se dire;
D'abord ils n'osaient pas de crainte de maudire,
Mais leurs yeux assombris par un pressentiment
Sur leurs fusils rangés erraient incessamment
(On avait ordonné de les charger la veille).
Au moindre bruit, émus, tous ils prêtaient l'oreille;
Ils étaient comme au camp lorsqu'on craint le danger;
Une vague terreur venait les assiéger;
Ils invoquaient parfois un glorieux prestige.
— Est-ce qu'on oserait briser pareil prodige?
En traits de feu la gloire a signé son brevet,
Du bronze impérial c'est le premier boulet.
Il nous a secourus sur la terre glacée
Où des maux inouis, surpassant la pensée,
Avaient paralysé nos membres engourdis,
Où nos cœurs cependant n'étaient pas refroidis.
— D'un enfant, sous la glace, il a sauvé la vie!
— Ce qui n'empêcha pas cet étonnant génie,
Cet homme merveilleux, à défaut de pontons,
De trouver, aux soldats, des bateaux de glaçons;

Nous allions mourir tous, c'est lui qui nous protége !
L'arc-en-ciel du drapeau brille encor sur la neige
Qui nous enveloppait d'un immense linceul...
De cette horrible mort qui nous sauve? Lui seul !
— Brave sur le Danube et brave sur le Tage !
— Et brave à Mont-Thabor, à Manheim, Elchingen !
— Plus brave à Magdebourg, où brilla son courage !
— Oh ! non pas ! Bien plus brave à Lutzen et Bautzen
— Partout, brave partout, dit l'un d'eux, qui s'écrie
Inspruck ! Erfurt ! Eylau ! Moskowa ! Friedland !
— Une voix dit plus bas : Malheureuse patrie !
Leipsick et Waterloo !... Ney partout brave et grand
— Et vous croyez que nous, aux rives de la Loire,
Qui pouvions au combat disputer la victoire,
Que nous verrions mourir cet homme plein d'honneur !
A ce compte, on pourrait fusiller l'empereur !

— Amis ! vous n'étiez pas là-haut en sentinelle ;
C'est fini ! De Dupin l'éloquence fut belle !

L'armée en gardera longtemps le souvenir;

Cet homme est grand aussi, c'est tout un avenir!

Dans le sabre toujours ne gît pas le courage;

C'est un homme de cœur qui tient tête à l'orage.

Mais, d'un dernier effort écartant le succès,

Ney s'écria : Français! je veux mourir Français!

Ce mot est le dernier de tant de sacrifices!

— Et pour le fusiller, on choisira? — Des Suisses!

— Et maintenant? — Il est en prison, bien gardé!

— Ainsi donc c'est la mort? — Bien plus! — Quoi? — Dégradé!

— Et c'est donc là le prix de vingt ans de vaillance?

Le roi ne voudra pas! — Quelqu'un cria : Silence!

Ils se taisent soudain, car ils ont entendu

Deux coups mal étouffés d'un tambour détendu;

On s'agite, on se presse, on s'élance : — Qui vive?

— France! (France!!!) Et de loin un sombre char arrive.

Il longe l'avenue, il approche, il est là;

Un homme en sort l'air calme, assuré... le voilà!

C'est lui ! regardez bien ! c'est le brave des braves !
Apprêtez vos mousquets, obéissez, esclaves !
Comme sa vie, aussi, son trépas sera beau,
Vous voyez, il sourit en voyant le bandeau...
Puisqu'enfin dans les camps, où l'honneur vous convie,
A beaucoup d'entre vous il a sauvé la vie,
Eh bien ! à la faveur du crépuscule obscur,
Faites sauter son crâne, à l'ombre de ce mur !
O douleur ! d'un seul bond auprès d'eux il s'élance ;
— Faites votre devoir .. au cœur... Vive la France !
Il tombe... Sur sa bouche un moment arrêté
Un souffle a murmuré le mot : Postérité !

A cette heure pourtant le courtisan sommeille ;
Mais ce bruit effrayant annonçant son trépas
Par l'écho répété vient mourir à l'oreille
Du roi le Désiré... le roi ne dormait pas.
On dit, de ses amis qu'une foule fidèle,
Qui voulait échanger à la plaine Grenelle,

Avec le condamné quelques regards émus,
S'en revenant joyeuse et comptant sur sa grâce,
Au coin d'une masure aperçut cette trace
    D'un sang qui ne s'efface plus !

IV.

L'HOSPICE DE LA MATERNITÉ.

> Je pleure surtout le sang versé;
> on ne saurait être trop avare de
> celui des humains.
> (Madame ROLAND.)

Pour leurs habits de deuil et leurs voiles de bure
Rejetant, sans pitié, la mondaine parure,
Des sœurs ont transformé, dans leur céleste amour,
En secourable asile un modeste séjour;
Vierges, mères pourtant, toujours, de leurs mains d'anges,
Pour les enfants trouvés elles gardent des langes,
Et quand ils ont grandi, leur parole de miel
Leur indique un chemin qui peut conduire au ciel;

Tolérantes de cœur, jamais leur front austère
Ne fit rougir ici la fille qui fut mère ;
Elles l'aident toujours et dans son sein flétri
Ramènent un doux lait, par le malheur tari,
Parlent du repentir, frère de l'innocence,
Savent donner surtout, vivante Providence,
A la fille perdue un tranquille sommeil ;
La consolation vaut mieux que le conseil.

De l'arbre poétique hélas ! feuille agitée,
Tombe, tombe, ma Muse, aux sombres vents jetée !
De ton frêle rameau, par l'orage battu,
Jamais tu n'orneras le front de la vertu !
Pour elles, ici-bas, est-il une couronne ?
A ces filles du Ciel c'est le Ciel qui la donne ;
Muse ! le voyageur passant dans le vallon
Comme le leur, un jour, demandera ton nom.
Filles saintes, quittez vos pratiques pieuses,
Une autre épreuve attend vos âmes généreuses ;

C'est un asile aussi qu'on vient vous demander;
Mais c'est pour cette fois un cadavre à garder.
Il ne demande pas, celui-là, qu'on le plaigne;
Déposant près de vous du preux le corps qui saigne,
Deux vétérans pensifs attachent leur regard
Sur ce cadavre saint, posé sur un brancard...
Vous ne demandez pas d'où lui vint la souffrance,
S'il fut un homme obscur ou maréchal de France;
Tous ici sont égaux et pour vous, en ce lieu,
Juges et condamnés n'appartiennent qu'à Dieu.

Le voilà, le héros qui gagna cent batailles!
Un linceul d'hôpital sert pour ses funérailles!
Auprès de ce brancard, la gloire qui pâlit
Le regarde étendu... voilà son dernier lit!
Jadis, dans les combats, quand la balle ennemie
Effaçait un héros du livre de la vie,
Avant qu'à la lumière il eût fermé les yeux,
Les soldats, le plaçant sur un duvet soyeux,

Des drapeaux ennemis composaient sa litière,
Vers l'étranger vaincu tournant sa face altière
Le brave souriait en le voyant s'enfuir ;
Puis notre état-major vers son lit d'accourir !
Tout couvert de sueur, de poussière et de gloire,
Napoléon venait lui conter la victoire ;
Sur ce noble trophée, il lui serrait la main
Au bruit des cris de joie et du canon lointain...
Cette mort de soldat, alors elle était douce,
Ce glorieux brancard était un lit de mousse ;
Quand la garde d'honneur, veillant près du héros,
L'avait vu s'endormir de l'éternel repos,
Pour lui, le lendemain, à l'aube matinale,
Se déroulait au loin la marche triomphale ;
Sous les crêpes battants, les lugubres tambours
Étouffaient dans les airs leurs coups plombés et sourds,
Et chaque régiment, abaissant sa bannière,
Saluait, en passant, sa demeure dernière,
Avec les grenadiers, tout pensifs, défilant
Sur la tombe mi-pleine ; au bruit d'un feu roulant...

Pour lui, rien ! rien pour lui que les pleurs d'une femme,
Sœur Thérèse, à genoux, qui, priant pour son âme,
Dans cet asile étroit, où la mort l'a conduit,
A veiller près du corps devra passer la nuit.

Cette nuit vint. La sœur récita les louanges
Qui montent lentement vers le monde des anges ;
Elle priait, soumise à ses augustes lois,
Celui qui doit juger les sujets et les rois.
Une lampe, éclairant cette lugubre enceinte,
Versait son jour douteux sur le front de la sainte
Qui murmurait tout bas quelques refrains confus
De l'adieu lamentable à l'homme qui n'est plus ;
A genoux, méditant sur le pouvoir sublime
Qui veut que la grandeur, en bas, passe et s'abîme,
Elle éclairait parfois, de son pâle flambeau,
Ce rien qu'on nomme un corps, poussière du tombeau ;
Émue, elle voyait sur cette auguste face
De deux coups meurtriers une profonde trace,

Et ce sein élargi, ce glorieux rempart,
De coups mieux ajustés percé de part en part;
Du sang pur qui coulait, la trace purpurine
Pour la vingtième fois colorait la poitrine
D'où le commandement si fort savait sortir,
D'où ne venait alors même pas un soupir.
Atteinte, tout à coup, d'un frisson funéraire,
Sœur Thérèse venait reprendre son rosaire,
Et, comprimant à peine un douloureux transport,
Criait épouvantée : Il est mort! il est mort!

Assez! mon cœur est plein et mon âme abattue;
Ce spectacle d'horreur me consterne et me tue.
Prêtres, qui consolez au moment du trépas,
Vous devez le bénir après sa dernière heure;
Emportez le héros vers une autre demeure;
Sœur Thérèse a prié : vous, ne prierez-vous pas?
Il vous reste un devoir en ces instants suprêmes;
Mais hélas! plus d'honneurs! pas d'illustres emblèmes!

Pas une voix qui dise : Un grand homme a vécu !

Pourtant, inexorable au jour de la tempête,

La loi ne peut défendre au timide poète

D'apporter une fleur au tombeau du vaincu ;

Vaincu, mais je le dis, non pas par le courage,

Ces vers en parleront aux Français d'un autre âge...

Mais sur son monument, encore ensanglanté,

N'inscrivons que ces mots de la valeur guerrière :

Son nom est *Michel Ney*, *puis un peu de poussière* *.

        Infortune ! Immortalité !

---

* Le 7 décembre, à trois heures et demie du matin, M. le chevalier Cauchy, secrétaire de la Chambre des pairs, s'est présenté dans la prison du maréchal, qui dormait profondément, pour lui lire son arrêt. Lorsque M. Cauchy en vint à la lecture des titres et qualités du maréchal, celui-ci l'interrompit en lui disant : « Dites *Michel Ney et un peu de poussière*.... (Histoire du procès du maréchal Ney, par Évariste Dumoulin, édition de 1845.)

AUX MANES DE GIRODET.

> Au déluge, en tremblant, j'applaudis par des larmes.
> (Casimir Delavigne.)

Girodet s'est éteint sur ses brillants pinceaux !
Trompant notre espérance et ravi par la gloire,
Radieux, il s'élance au temple de mémoire,
Précédé par le bruit de ses nobles travaux.
Le temps, qui toujours fuit, l'emporte sur ses ailes,
Et déjà, par les chants d'un luth harmonieux,
Ossian le salue aux voûtes éternelles ;
  Levez-vous, habitants des cieux !

Ses pinceaux amoureux ont, sur la toile émue,
Par un art inconnu, ranimé la statue
  Du ciseau de Pygmalion;
  Il sut aussi pour Galatée
  Trouver le céleste rayon
  Du feu que ravit Prométhée.
 Sous ses crayons riants et délicats,
Entre les deux amants je vois l'amour sourire;
  Vers son amante qui soupire
Pygmalion tremblant veut étendre les bras...
Mais hélas! où m'emporte un imprudent délire!
  Ce tableau, je veux le décrire...
Girodet le conçut, on ne le décrit pas.

Gémis, Chateaubriand! sa palette magique
Fit aussi de Chactas couler les pleurs amers;
Vois comme il a tracé, courbé par cent hivers,
Ce patriarche Aubri dont la voix prophétique
De Job, en murmurant, redit les saints concerts!

Quelle teinte mélancolique
Dans la candeur évangélique
De la vierge de tes déserts !
Oui, chantre des martyrs, lorsque ta main tremblante
Sur sa tombe posait cette étoile éclatante,
Quoique tardif hommage, hommage mérité,
Sa belle âme reconnaissante
Te souriait du sein de l'immortalité.

Ah ! de ton séduisant génie
Qui rendra, Girodet, la grâce, la beauté ?
Dis-nous quelle divinité
De tes reflets savants t'enseigna l'harmonie ?
Dis-nous qui t'a donné ton pastel argenté ;
Dis-nous qui t'a donné la teinte diaphane
Qui luit si mollement sur l'amant de Diane,
Par un chaste rayon dans la nuit visité ;
Tandis que le zéphyr volage,
Avec malice, entr'ouvre à son passage

Le feuillage du bois mollement agité?
Il fallut que Phœbé prêtât, de sa lumière,
A ton pinceau brillant, l'éclatante pâleur;
Oui, Diane t'a dit son amoureux mystère,
Et Phœbé t'éclairait du rayon séducteur
Qui, sous les coups légers de ton heureuse touche,
Vient amoureusement se poser sur la bouche
Qu'effleurait en secret sa craintive pudeur.

Un jour, devant le tableau du déluge,
  Je m'arrêtais épouvanté
En voyant ce rocher, triste et dernier refuge
  Des débris de l'humanité;
Ce prévoyant vieillard, et l'homme, sur la cime,
Fils, père, époux enfin, disputant à l'abîme
Son vieux père, sa femme et ses jeunes enfants...
Oh! quel travail, grand Dieu! dans ces agonisants!
L'homme gravit vers l'arbre et sa frayeur espère
Quand il a pu saisir ses perfides rameaux,

Soutenant, au-dessus des eaux,
D'un bras nerveux, mais las, une famille entière...
— De l'école française et la gloire et l'honneur,
Oui, nous couronnons tous ton génie inventeur,
Disait la foule émue à ce peintre-poète !
Tout à coup, auprès d'eux David paraît, s'arrête ;
Il entend crier l'arbre où l'homme est suspendu ;
Immobile, il contemple et s'écrie éperdu :
— D'horreurs et de beautés quel sublime mélange !
    C'est Raphaël ! c'est Michel-Ange !
    C'est Girodet ! Je suis vaincu !

Et pourtant Girodet a fermé sa paupière !
    Il était près de finir sa carrière :
Une dernière fois, il ouvre encor les yeux
Et veut à ses pinceaux adresser ses adieux ;
Chancelant, il se traîne et sa douleur éclate ;
    Mais hélas ! regrets superflus !
Pour lui, je m'agenouille au tableau d'Hippocrate
Et j'y priais encor qu'il n'était déjà plus !

De ses nombreux amis partageant les alarmes,
>J'ai vu la France dans le deuil ;
>J'ai vu, sur son triste cercueil,

Les sages, les guerriers qui répandaient des larmes;
Chacun à cette gloire apportait son rameau ;
J'ai vu Gros, s'inclinant, poser sur son tombeau
>Une couronne d'immortelles...

C'était Zeuxis pleurant sur la tombe d'Apelles.

L'EMPEREUR REPLACÉ SUR LA COLONNE.

> Quo non præstantior alter !
> (Virgile.)

Napoléon! Partout je retrouve son nom!
Un boulet l'a gravé sur le fort de Toulon ;
Il est au front brûlant des hautes Pyramides;
Le Simplon l'a gardé sur ses versants rapides;
Il est au Saint-Bernard, d'où notre légion
Descendait pour fouler le sol des Scipion ;
Il est au front neigeux des hautes Pyrénées;
On le voit sur ces monts où, pendant douze années,

Dans le Nord, s'imposa cet homme du destin;
Ce nom, il fut écrit même sur le Kremlin;
Oui! l'Europe tremblante au bruit de leur puissance
Sur tous ses grands sommets lit : Napoléon, France!

Il disait à Paris : Paris, voilà ma loi,
Dans la poudre, ou debout, tu parleras de moi!
Qu'importent du passé les monotones règles?
Là, sur ces lis vieillis, j'étalerai mes aigles!
Où d'autres ont passé, moi, je demeurerai;
Ce Louvre est trop étroit, je me l'agrandirai;
Là-bas, arc de triomphe! ici, temple à la gloire!
Là, de la grande armée évoquant la mémoire,
Que nos derniers neveux déchiffrent de grands noms
Sur un bronze; j'irai vous chercher des canons!
Sous son geste soudain l'on voyait cent fontaines
Jaillir; de longs canaux coupaient au loin les plaines;
Sur les quais prolongés sa main semait des fleurs;
Il dictait sa pensée à ses législateurs,

Et, poussant devant lui l'active renommée,
Le héros s'en allait avec sa grande armée !

Puis l'homme revenait! L'on disait au forum :
Le bourdon sonne encore! Encore un Te Deum !
Et l'empereur, dotant de quelque autre vassale
Son enfant bien-aimé, la ville colossale,
Rentrait; ce n'était pas un dieu du Panthéon :
Oh! rien de tout cela : c'était Napoléon,
Napoléon-le-Grand, dont la haute largesse
Donnait à ses soldats des titres de noblesse :
Enfants : à vous Trévise et Conégliano !
A vous Montebello ! Tarente ! Bassano !
A vous Wagram ! Eckmuhl ! Neufchâtel et l'Istrie !
A vous la Moskowa ! Frioul ! La Dalmatie !
De ses soldats meurtris il fallait voir l'élan
Quand il les décorait du magique ruban,
Appareil qu'il posait toujours d'une main sûre
Et qui cicatrisait la profonde blessure!

Oh! comme il était grand dans cet état-major
Qu'il avait ramené depuis le Mont-Thabor!
On devinait celui qui dirigeait la foudre,
Car son habit usé sentait toujours la poudre;
Bien souvent il était troué dans le combat,
Et l'on tremblait encor pour l'empereur-soldat.

v

Puis, défilaient devant sa poudreuse cocarde
Les bataillons d'airain de notre vieille garde,
Sur des hampes portant quelques rares lambeaux
Que tous ces braves gens appelaient leurs drapeaux;
Oui, c'était beau de voir ces hommes intrépides
Rapportant, pour orner l'Hôtel des Invalides,
Ces autres étendards qu'ils jetaient devant lui,
Brillants hier encore et ternis aujourd'hui;
Napoléon, rêvant de nouvelles conquêtes,
Touchait du bout du pied ces aigles aux deux têtes,
Et sur notre drapeau son aigle se dressant
Cherchait d'un œil de feu le berceau d'un enfant.

C'était beau! c'était grand! De ses lointains voyages
Le vainqueur rapportait de sublimes bagages :
C'était peu de dompter par la voix du canon ;
Avec lui revenaient les travailleurs Denon,
Bertholet et Thouin, Monge, Tinet, tant d'autres,
D'un maître bien-aimé ces dociles apôtres,
Dont les jours lumineux et les savantes nuits
Avaient aidé le dieu qui les avait conduits.

Courez donc leur ouvrir les portes du Musée,
De la ville des arts le sublime Élysée !
Ouvrez, ouvrez à tous! c'est l'Apollon Pythien,
Diane chasseresse et le Bacchus Indien !
C'est la Vénus pudique et la folle Bacchante,
Le trépied où s'unit le lierre avec l'acanthe,
Les Faunes, la Panthère, Adonis, Mars, Cérès,
Uranie, Hippocrate, Hermaphrodite, Hermès,
Flore, le Laocoon, Minerve, Messaline,
Sextus de Chéronée, Antinoüs, Sabine,

Les Chevaux de Venise et le Gladiateur ;
France ! te voilà riche, et vive l'Empereur !

Non ! ce Paris il faut enfin le satisfaire !
Voilà, de Raphaël, la Vierge au donataire !
Ouvrez ! A nous Van-Dyck, Rembrand, Téniers, Rubens,
Wouvermans, Paul Poter, Gérard Dow et Jordaens !
A nous ! Laissez passer la grande caravane !
A nous Jules Romain, Tintoret et l'Albane,
Michel Ange, Carrache et le Dominiquin,
Édouard de Vinci, Cortone, le Guerchin !
— On s'y perd ! — A nous Paul Véronèse et le Guide !
Oui, le père est prodigue et la fille est avide ;
A cette France il faut tout, les arts et l'honneur ;
Prends donc, o ma patrie, et vive l'Empereur !

. . . .

Oui, vive l'Empereur ! Reconnais-tu ce cri,
O grand peuple français, toi qu'il a tant chéri ?

Ce cri, c'est le Simoun qui chasse, épouvantable,
Des milliers de soldats comme des grains de sable ;
Ce cri, c'est l'ouragan aux poudreux tourbillons,
C'est la faux de la mort fauchant leurs bataillons,
L'accent miraculeux qui ranime, protége,
Rafraîchit au soleil, réchauffe dans la neige ;
Tonnant dans la bataille, il soumet à nos lois
Et devant lui balaye une foule de rois.
Allez donc demander aux serfs qui vous entourent,
Sur un sol épuisé qui trop souvent labourent,
Si chez eux pareil cri courut de rang en rang,
Si jamais ils ont vu, dans la mare de sang,
Leurs blessés dominant le fracas des batailles
Répéter, en mourant, ce chant des funérailles !

Hélas ! ils l'ont redit jusqu'au jour du trépas
Où leur voix murmurait : Meurt et ne se rend pas.
Toi, pour ces jours de deuil, tu te voilas, ma lyre,
Tu pleuras, à l'écart, un horrible délire ;

Sur la Colonne, hélas! prix de tant de valeur,
Enfant, j'ai vu la corde au cou de l'Empereur;
Oui, j'ai vu, moi, Français, des sauvages, des Scythes,
Haletant et fouettant des chevaux moscovites,
Avec de lourds Germains, des Calmouks encrassés,
Et des traîtres enfin pêle-mêle entassés,
Voulant déraciner sa gloire populaire,
Sur un buste impassible épuiser leur colère;
Eh! que vouliez-vous donc? le conduire à l'égout?...
Ah! petits, vous rampiez, lui seul restait debout.
O miracles des temps! pourtant la ligue injuste,
La nuit, sut en secret enlever le saint buste;
Le lendemain avait disparu ce troupeau;
Sur la colonne enfin flottait le blanc drapeau!
Insensés! ce drapeau n'a-t-il pas son histoire?
Et qui donc oserait contester sa mémoire?
Mais votre drapeau blanc, c'est vous qui le tachez;
Car l'étranger, sur nous, c'est vous qui le lâchez;
C'est lui, votre complice, en sa cruelle audace,
Qui de l'*Usurpateur* usurpe enfin la place;

Et l'homme qui trouva huit siècles en huit ans,
Vous osez l'arracher! Bien! nobles combattants!
C'est ainsi que les rois ont contristé nos âmes!
Mais l'étincelle enfin produit les grandes flammes!
Le Peuple est patient, car il est éternel;
Il souffre en attendant le moment solennel.
Grand Dieu! n'était-ce pas assez d'ignominies,
Assez d'avoir trouvé vos tristes gémonies,
Labédoyère, Ney, Duvernet et Caron,
Brune dont j'ose à peine ici tracer le nom?
J'ai d'autres souvenirs que, généreux, j'écarte...
Mais, un jour on cria : Nous n'avons plus de Charte!

Oh! c'est de notre histoire un sublime feuillet!
Une femme d'abord fut frappée en juillet;
Mais une autre apparut hurlante, échevelée,
Son geste provoquait la sanglante mêlée ;
Aux faubourgs travailleurs, sa forte voix vibra :
— Honte à qui m'abandonne, et qui me suit vivra!

On la suivit soudain, et la terrible femme
Réveillait le tocsin du bourdon Notre-Dame,
Rassemblait en un seul tous les cœurs bondissants ;
Furibonde, elle avait une cartouche aux dents ;
Le salpêtre enflammait sa poitrine brûlante ;
Laissant voir à ses fils sa mamelle puissante,
Elle montrait les coups qui meurtrissaient son flanc :
— Hier, j'avais du lait, je n'ai plus que du sang !
Son sang, il inondait le pavé de la rue,
Des Suisses refoulant la cohorte vendue
Et présentant au Louvre un front ensanglanté :
—Ouvrez donc ! ouvrez donc ! je suis la Liberté !
Ah ! quand la Liberté, même aux portes du Louvre,
Vient prononcer son nom... il faut, il faut qu'on ouvre !
Au Louvre on ouvrit donc. Certes en ce moment
Notre sainte canaille agit bien noblement :
Elle eût pu dévaster, dévaliser l'enceinte
Où longtemps on s'est ri de notre sueur sainte ;
La sublime canaille enfin n'a rien volé ;
Bien plus, d'Orléans vint et le flot a coulé.

Bien ! mais nos souvenirs attendent une offrande ;
De nos plus belles fleurs formons une guirlande ;
Accourons au Forum, sur le bronze vainqueur,
Sur la Colonne veuve élevons l'Empereur !

Le voilà ! le voilà ! Notre foule surprise
Revoit sa longue épée et sa capote grise ;
Le chapeau que les camps enviaient autrefois,
Sa botte *empreinte encor sur le bandeau des rois* ;
Voilà le bras puissant qui lança le tonnerre,
Voilà le dos voûté qui souleva la terre ;
Cette lèvre pressée et ce front solennel,
Ces yeux, reflets perçants des yeux de l'Éternel,
Cette forte attitude et cette face altière,
Ce regard flamboyant tourné vers la frontière ;
Énergie et grandeur, patrie, oui, tout est là !
Le peuple en le voyant n'a qu'un mot : Le voilà !

Jadis, pour consacrer quelque grande épopée,
De César, de Trajan, Marc-Aurèle ou Pompée,

Dans le vaste Forum un simple monument
Acceptait pour appui l'indigène ciment;
Et le peuple distrait qui passait par la rue,
Parfois levant les yeux regardait la statue;
Mais lui, mais lui superbe, il nous disait : Allons!
Je veux un large socle, un grand fût! — Des canons!
Le volcan s'allumait et son cœur battait d'aise
En les poussant du pied dans l'ardente fournaise;
Mais lui! son monument résume le combat;
Paris est son vaisseau, sa main y plante un mât,
Et le siècle applaudit! — Mais pour la destinée
Qu'est-ce qu'une heure, un jour, et qu'est-ce qu'une an[née]
Cette feuille où j'écris bientôt s'envolera;
Un soufle du destin, et tout disparaîtra.
Soit comme à Pompéia la ville souterraine,
Herculanum, Memphis, Palmyre qui fut reine,
Babylone, Carthage et tant d'autres cités
Dont les noms, de nos jours, sont à peine cités,
Lorsque dans deux mille ans, un tremblement de terre,
Un accident léger — que sais-je? — aura fait taire

Ce grand bourdonnement sous d'immenses débris
Et qu'on dira : Voilà la place où fut Paris,
Alors le voyageur, sur la rive déserte,
Viendra, comme Volney, pousser sa découverte,
Explorer notre sol et fouiller nos remparts ;
Sur des socles tronqués, des blocs, des fûts épars,
Croyant vérifier des récits apocryphes,
Il cherchera le vrai sur nos hiéroglyphes ;
Et ce sera Lodi, Montenotte, Dégo,
Mantoue, Alexandrie, Aboukir, Marengo !
Oh! que pourra penser le Volney d'un autre âge
En voyant ces grands noms semés sur notre plage :
Hall, Bassano, Grunsbourg, Iéna, Wertingen,
Ulm, Drastein, Inspruck, Austerlitz, Elkingen,
Steyer, Eylau, Friedland, témoins de tant de gloire?
Cette incroyable époque il faudra bien la croire !
Et peut-être, au milieu de ces noms découverts,
Un poudreux manuscrit épargné par les vers
Dira : Ce bronze était l'une de leurs idées,
Qu'ils pouvaient élever de bien d'autres coudées,

Car pour graver aussi d'autres glorieux noms,
Essling, Wagram, Lutzen leur donnaient des canons;
Alors ils voudront voir celui dont le génie
Et le magique nom valaient une patrie ;
Ils fouilleront la terre et le sable mouvant,
Et les tombeaux des rois, jouets aussi du vent;
Insouciants pour tous de la grande tempête,
Quand ils auront enfin découvert cette tête,
Et qu'un rayon du ciel sur sa face aura lui,
L'autre Volney criera : Tous à genoux, c'est lui!
Ainsi quand des anciens nous remuons la cendre,
On voit vingt Darius, mais un seul Alexandre!

Oui, nos derniers neveux fléchiront les genoux ;
Alors, braves soldats, ils penseront à vous ;
Où trouver, diront-ils, quelqu'un qui nous les nomme?
Oh! quel foyer de gloire, et quel siècle, et quel homme!
Quels sont donc ceux qui l'ont porté sur le pavois?
A qui donc commandait cette sublime voix?

Qui l'a livré, vivant, à tant de renommée?
Leur Volney répondra : 'C'était la grande armée!
Aussi, comme au sortir d'un tombeau souterrain,
Nous les voyons gravir sur le pilier d'airain;
Leur masse, qui s'émeut, gravit et tourbillonne
Autour des flancs émus de la sainte colonne;
Ils montent ces guerriers! ne les voyez-vous pas,
Tous veulent s'élancer jusqu'aux aigles d'en bas!

Toi qui pris en horreur la discorde civile,
Ombre de l'Empereur, protége notre ville;
Contiens tous tes enfants sous ton puissant regard;
Français! l'épée à nous, mais jamais le poignard!

LE COMTE DE PARIS.

NAISSANCE ET BAPTÊME.

A LA FRANCE.

Lionne, qu'as-tu donc? de ta fauve prunelle
A jailli tout à coup une douce étincelle,
Et ta large poitrine a des soupirs confus ;
Tu sembles méditer une grave pensée,
Un rayon adoucit ta face hérissée :
Lionne, d'où vient donc que tu ne rugis plus?

O toi, qui si longtemps as fait trembler le monde,
N'es-tu pas lasse enfin, sublime vagabonde?
N'es-tu pas parvenue, o reine, au premier rang?
Toi qui, pendant vingt ans, dans tes grandes batailles,
Déchiras en lambeaux tout jusqu'à tes entrailles,
N'es-tu pas lasse enfin d'avoir versé du sang?

En as-tu répandu, lorsque, brisant ta chaîne,
Tu battais, de tes flancs, la muraille prochaine
Qui renferma longtemps l'esclave muselé?
En as-tu répandu, dans ta sublime rage,
Quand, détruisant enfin le honteux esclavage,
Ton souffle renversait son fort démantelé?

Et lorsque tu suivis le géant de l'histoire,
Qui sur toi s'appuyait pour conquérir sa gloire,
Qui, fier, te promenait de Memphis à Moscou,
En as-tu répandu, suivant sa destinée,
Lorsqu'il te conduisait à demi-déchaînée,
Bonne et brave lionne, un anneau d'or au cou?

Et lorsqu'en nos revers, o lionne saignante,

Tu ne rapportais plus que ta chair pantelante

A tes fils qui poussaient de longs cris déchirants,

Contenant des vainqueurs l'innombrable mêlée,

En as-tu répandu dans ton fort acculée,

Alors que tu broyais leurs piques dans tes dents?

Oh bien! la brave, bien! Mais, superbe lionne,

Il faut se reposer lorsque Dieu nous l'ordonne;

L'ordre qui vient du ciel doit être respecté;

Où nous conduiraient donc la rage, la furie?

Tes enfants ont besoin des fleurs de la prairie;

Plus de sang quand on a conquis la liberté!

Écoute, France, écoute! un cri s'est fait entendre;

C'est un vagissement qui n'a rien que de tendre;

C'est le cri d'un enfant : approche du berceau;

Lionne, adopte-le, sois toujours maternelle;

Plus de sang, mais du lait, apporte ta mamelle.

Qui sait? le nouveau-né peut être un lionceau!

On dit que cet enfant, en ouvrant la paupière,
A du ciel apporté, pour sa mère en prière,
    Un souris qui dit : A demain,
Et qu'étendant le bras il a contre une épée,
Que, pour notre avenir, Paris même a trempée,
    Heurté son innocente main.

Cette épée, oui, sera sa fidèle compagne!
Mais qu'elle ne soit pas celle de Charlemagne,
    Ni celle de Napoléon!
Nous avons hérité pour deux mille ans de gloire;
Et d'ailleurs il faut trop de sang à la victoire
    Pour le ciment d'un Panthéon!

Et pourtant ce n'est pas brusquer une épopée,
Que donner à l'enfant une inactive épée;
    Ce glaive n'a pas encor lui;
Mais s'il faut, pour défendre encor notre frontière,
Ce fer conservateur, son aïeul ou son père
    Sauront bien le tirer pour lui.

Riches, apportez vos offrandes ;
Pauvres, vos modestes guirlandes !
Que tous nos vœux soient confondus !
Nous sommes frères dans le temple,
De l'union donnons l'exemple,
Chrétiens, c'est un frère de plus !

Oui ! c'est ma sainte république,
Cette croyance évangélique
Qui tous nous amène au saint lieu !
Nos bras soutiendront à l'église
L'épée et l'enfant qu'on baptise,
Et qu'on apporte au pied de Dieu.

Du ciel tombe, douce rosée !
De sang ne sois pas arrosée
Épée aux brillantes couleurs !
Français que la gloire dévore,
Tous les deux innocents encore,
Aujourd'hui couvrons-les de fleurs.

Car il comprend enfin, le prêtre,
Que le Christ, notre divin maître,
Ne voulut jamais désunir ;
Et qu'un jour, dans son doux mystère,
Il est descendu sur la terre
Non pour tonner, mais pour bénir ;

Et que les Pères de l'Église
La guidant, par la paix soumise,
Aimant au lieu de s'irriter,
Au Ciel adressant des louanges,
Au Dauphin envoyaient ses langes,
Comme s'ils voulaient l'adopter.

Tonnez donc seuls aux Invalides,
Vieux canons à présent placides,
Car cette épée est votre sœur.
Secouant le sommeil tranquille,
Un jour vous défendrez la ville,
S'il est péril pour notre honneur.

Jadis vous dîtes jusqu'à Rome,

Vieux canons, que le fils de l'homme

Venait de naître... pour souffrir !

Tonnant pour la fête légère,

Depuis, sur la terre étrangère,

Ingrats! vous le laissiez mourir!

Et pourtant, au nom de la France,

Le jeune enfant, plein d'espérance,

Reçut un berceau de vermeil.

Une garde s'était formée,

Et, loin de lui, la grande armée

S'entretenait de son réveil.

Alors Paris et la province,

A genoux, près du jeune prince,

Auraient voulu baiser sa main ;

Et l'on vit, du haut de la cime,

Sur ce roi, quoique illégitime,

Tomber un peu d'eau du Jourdain.

Hélas ! les hommes sont fragiles ;
Dans leurs prévisions stériles
Souvent ils égarent leurs pas.
Français ! un peu plus de constance ;
Si nous voulons sauver la France,
Frères, ne les imitons pas !

Fils de l'homme, pour vous nos larmes,
Pour vous, comte, pour vous nos armes !
L'hommage n'exclut pas les pleurs ;
Oui, la louange est inconstante ;
Mais une muse indépendante
A des larmes pour les malheurs.

Comte ! à vous la joyeuse voile !
Qu'un ange vous fasse une étoile,
Dieu vous garde de l'Aquilon !
Nous avons assez d'une plaie ;
Hélas ! l'aigre cri de l'orfraie
Siffle au tombeau d'un jeune aiglon.

Plus loin, sur un roc solitaire,
Celui qui fit trembler la terre
Mourut, un jour, tout mutilé.
Depuis ce temps la France prie...
N'avons-nous plus, dans la patrie,
Une tombe pour l'exilé?

Si nous accomplissions cette œuvre,
Alors, l'impuissante couleuvre
Ramperait au jour triomphant ;
D'un cercueil qu'on verrait descendre,
Peut-être quelque peu de cendre
Volerait sur le jeune enfant !

Et toi, lionne, et toi, relevant ta crinière,
Tu défendrais toujours cette noble poussière ;
Tu veillerais, la brave, auprès d'un grand tombeau,
Et de tes ennemis la cohorte tremblante
Avec peur te verrait, lionne vigilante,
L'ongle sur une tombe et l'œil sur un berceau.

A UNE FEMME.

> Si j'étais à la place de Marie-Louise, j'attacherais les draps de mon lit à ma fenêtre et sous un déguisement j'irais retrouver Napoléon en exil.
>
> (Paroles de la reine de Sicile, grand'mère de l'impératrice.)

I

Lorsqu'il fallut bannir de la couche inféconde
L'épouse de son cœur, la femme dont le monde
    En vain espérait un enfant ;
Lorsqu'il fallut, malgré les chers liens de l'âme,
Répudier enfin la digne et sainte femme,
    Joséphine qu'on aimait tant ;

L'empereur, rehaussant la race plébéienne,

Aurait dû, parmi nous, prendre une citoyenne,

    Femme forte, au robuste flanc,

Qui jamais des douleurs n'aurait été la proie,

Et pouvait enfanter, avec un cri de joie,

    L'héritier d'un généreux sang.

Certes, elle n'eût pas souffert, l'impératrice,

Qu'auprès d'elle, au palais, une simple nourrice

    Vint fausser l'amour filial ;

Sa mamelle aurait eu, pour ta bouche rosée,

D'un lait pur et français une douce rosée,

    O cher enfant impérial !

Avec nous la Française aurait compris la France,

Partagé notre joie ou plaint notre souffrance ;

    Et les bras autour de son cou,

Au lit impérial, auprès du roi de Rome,

Elle eût, dans ses baisers, réchauffé le grand homme

    Quand il revenait de Moscou.

Et lorsqu'à l'étranger, par des traîtres flétrie,
Quelques hommes vendus livraient notre patrie,
 Ranimant une vieille ardeur,
Elle eût dit à Paris : Aujourd'hui je gouverne ;
Et tant qu'il restera du plomb dans la giberne,
 En avant ! vive l'empereur !

Et, si nous n'avions pu descendre dans la plaine,
Elle aurait préparé pour eux une autre arène
 Qu'espéraient nos cœurs éprouvés :
Les laissant pénétrer jusque sous nos demeures,
Pour nos bras c'eût été l'affaire de deux heures.
 Paris n'a-t-il pas des pavés ?

Jour de vengeance ! alors quelques faibles cohortes
De Paris, derrière eux, auraient fermé les portes ;
 Et, des toitures en éclats,
La grêle leur pleuvant dans un terrible orage,
Nous les eussions bientôt, malgré leurs cris de rage,
 Exterminés, chefs et soldats !

Nous n'avions pas besoin, nous, d'un vaste incendie ;
Nous n'avions pas besoin, nous, qu'une main hardie
    Prêtât la torche aux malfaiteurs :
A ces vainqueurs d'un jour, pour préparer des tombes,
On eût le lendemain, rouvrant les catacombes,
    Laissé ce soin aux balayeurs.

Mais non, ambitieux, il te fallait des trônes,
Des sceptres, vains hochets, d'innombrables couronnes,
    Des duchesses dans ta maison ;
Comme s'il eût fallu t'anoblir pour nous plaire,
Et comme si ton char, fait du bois populaire,
    Avait eu besoin d'un blason !

Notre mer est houleuse, et sur l'onde où nous sommes,
Matelots ballottés, même chez nos grands hommes,
    Nous trouvons d'imprudents nochers.
Mon Dieu ! nos vains projets reposent sur le sable ;
Nous bâtissons, selon votre ordre impérissable,
    Nous des rêves, vous des rochers.

II

Pourtant, sur un rocher sauvage,
Doit-on enchaîner au rivage
L'homme s'il n'est qu'un général ?
Devant la France triste et morne,
Vous savez, au coin d'une borne,
Comme on fusille un maréchal.

Vous, pour l'empereur implacables,
Rois, arbitres inexorables,
Dont l'avenir tient par un fil,
Vous créez tous à votre maître,
Écoliers, en tremblant peut-être,
Un dernier et cruel exil.

Au brillant phare de notre âme,
Pour vous dont la sublime flamme
Avait grandi comme un volcan,
Vous découvrez bien loin du monde,
Afin de l'étouffer dans l'onde,
Un point perdu dans l'océan.

C'est bien digne de vous, mes princes,
Dont il parcourait les provinces
Avec quelques vieux escadrons,
Laissant aux tapis magnifiques
De vos demeures monarchiques
La trace de ses éperons.

Lui qui du pied, dans la poussière,
Poussant, *en sa fortune altière,*
Vos trônes craquant sur leurs ais,
Riait de vos terreurs fatales,
Et traversait vos capitales
Comme on passe dans des relais.

Lui, dans ses longues promenades,
Qui, pour voir vos peuples malades,
S'en allait on ne savait où;
Tantôt dans la Lusitanie,
Tantôt passait en Germanie
Et se débottait à Moscou.

Lui, que sa garde constellée,
Avec sa poitrine étoilée,
Couvrait de ses feux dévorants;
Lui, qui de vos peuples serviles,
Donnait à ses soldats les villes
Et les trônes à ses parents.

Cherchez donc, vaillants capitaines,
Cherchez dans vos races hautaines
Comme on bâtit un général !
Nous avions pour votre noblesse,
Qui devant son drapeau s'abaisse,
Assez du petit caporal.

Et sur la terre d'espérance,
Imprudents, revenez en France
Où l'on parla d'égalité ;
Ici se relève l'esclave
Et, parmi nous, il devient brave ;
O rois, gare la liberté !

III

Et vous, madame, vous l'épouse du grand homme,
Là-bas, quand vous parliez avec le roi de Rome,
  D'Anglais, de Prussiens, de Strélitz,
Sans doute à votre enfant, qu'agitait un vain rêve,
Parfois vous montriez la dragonne du glaive
  Que vit flamboyer Austerlitz.

Vous lui parliez aussi de notre belle France,
Et vous lui rappeliez le char qu'en son enfance
  Traînaient ses deux moutons chéris;
Il voyait, soupirant, vos riches pierreries
Dans un sacré lambeau, soustrait aux Tuileries,
  D'un drapeau criblé sous Paris.

Au jeune homme couché sur un sopha, sans gloire,
Sans doute vous disiez la mémorable histoire
　　Du lit de fer de l'empereur.
Pour son mourant regard vous aviez un doux prisme ;
Mère, vous apposiez sur son jeune anévrysme
　　L'appareil d'une croix d'honneur.

Au fils du conquérant, pour abréger ses veilles,
Sans doute vous disiez de pompeuses merveilles
　　Qui parfois troublaient son sommeil ;
Et vous lui répétiez, dans les brouillards de Vienne :
Tourne, mon cher enfant, pour qu'un rayon y vienne,
　　Ton front du côté du soleil.

Puis un jour, nolisant la nef aventureuse,
Vous vous êtes livrée à la mer orageuse ;
　　Et tout à coup notre empereur,
Grave et debout placé sur le rocher sauvage,
A, sa lorgnette en mains, vu poindre à son rivage,
　　Sur le frêle esquif d'un pêcheur,

Une femme, un enfant ballottés sur l'abîme,
Abordant avec peine et gravissant la cime
    Qui meurtrit le pied déchiré ;
Le ciel vous vit tous trois, dans une vive étreinte,
Confondre votre amour, vos baisers et sa plainte ;
    L'empereur enfin a pleuré !

Femme ! au moins quand mourut notre grand capitaine,
Vous avez fatigué l'écho de Sainte-Hélène
    De votre tardive douleur ;
Et pour lui, conservant votre dernière larme,
Dans votre sein meurtri, vous rapportiez à Parme
    La feuille d'un saule pleureur.

Non ! vous dormiez en paix, très grande archiduchesse,
Car son nom ce n'est rien près de votre noblesse ;
    Quant à l'époux, c'est l'abandon !
Bien ! Mais vous ignorez, très noble autrichienne,
Que du veuvage enfin Dieu veut qu'on se souvienne ;
    Au moins demandez-lui pardon.

IV

Heureusement la France a de saintes entrailles,
Et demande à grands cris son géant des batailles :
    Qu'importent l'espace et les flots?
Cette patrie enfin, sa véritable veuve,
A bien quelques enfants pour tenter cette épreuve,
    Joinville avec ses matelots !

Car Dieu, le roi des rois, dans sa bonté puissante,
Nous a promis enfin, après vingt ans d'attente,
    D'espoir, de larmes et de deuil,
Que la France obtiendra sa dépouille chérie ;
Sèche tes pleurs enfin, à genoux, o patrie!
    Bientôt reviendra le cercueil.

Puisse le saint tombeau conjurer vos orages,
Mer et peuple agités, tout chargés de nuages
    Qui présagent d'autres tourments !
Puisse le saint tombeau conjurer la tempête,
Mer et peuple, apaisez pour le jour de la fête
    Vos terribles mugissements !

Mon Dieu, vous êtes grand ! votre lente justice
Arrive, et vous placez à côté de la lice
    Où s'agitent les passions,
Une tombe, où tous ceux qui viendront dans la ville
En prière, oublieront la discorde civile
    Et la fureur des factions.

Bien des voix chanteront cette grande épopée,
Mais, quand on placera sa glorieuse épée
    Sur la tombe de l'empereur,
Nul n'entendra, madame, en ce concours immense
D'envoyés que le monde a promis à la France,
    Le nom de votre ambassadeur.

BRUNE.

> Ejusmodi tempus erat ut homines
> Vulgò et impunè occiderentur.
> (Cicero, pro Roscio.)

Ah! sans parler ici de Toulouse et de Nîmes,
Qui sur de vieux guerriers permirent de grands crimes,
Je demande pourquoi l'on ressent un frisson
D'entendre seulement prononcer : Avignon?
Tout grand cœur inquiet se demande, à cette heure,
Si l'on n'a pas rasé la lugubre demeure
Où se commit jadis un lâche assassinat?
Non! L'on sut dans ces temps, par mesure d'État,

Quand un Bourbon tomba sous un fer parricide,
Démolir à grands frais une salle splendide :
Pour un prince la loi n'a jamais pardonné,
Et pourtant Brune aussi mourut assassiné !
Et quelle fin, grand Dieu ! Dans ces sombres alarmes,
Par ordre, les soldats restèrent au port d'armes,
En laissant, sous leurs yeux, agir des portefaix
Qu'on a su de longtemps façonner aux forfaits.
D'un hôtel, en plein jour, leur ardeur sacrilége
Commença lentement et poursuivit le siége
Et, pour porter des coups plus fermes et plus sûrs,
Enleva jusqu'aux toits et démolit les murs.
Lui, calme, sans pâlir, interrogeant son âme,
Traçait dans une lettre un adieu pour sa femme *.

* C'est le 2 août 1815 que le maréchal Brune, ayant quitté le commandement de Toulon, se rendait à Paris, sur l'ordre du roi, lorsqu'il fut assassiné en passant à Avignon. Au moment où les brigands pénétraient dans sa chambre, le maréchal, devinant son sort, traçait pour sa femme un adieu inachevé qu'il détruisit sur le point de périr. La dernière lettre qu'ait laissée cette illustre victime est datée de Toulon, du 22 juin précédent ; elle est adressée à M. le baron Seruzier, colonel d'artillerie de la vieille garde, militaire plein d'honneur et que

Ainsi, quand le tambour venait de battre au champ,

Retiré sous sa tente, il écrivait au camp.

Un premier coup de feu d'abord se fit entendre...

— *Manqué ! Tu ne sais pas comme l'on doit s'y prendre,*

S'écrie, en l'ajustant, un infâme bandit !

Brune, à toi ! — Brune tombe, et la foule applaudit.

Ce fut peu, car, après ce sanglant homicide,

Le pouvoir, affirmant un obscur suicide,

Le livrait aux brigands, épouvantable affront !

Puis le peuple écrivit sur le pilier du pont,

Après avoir traîné le corps à la rivière :

De Brune c'est ici que fut le cimetière.

Napoléon se complut longtemps à surnommer le *père aux boulets*. Cette lettre, par laquelle le maréchal remet dans les mains du colonel le commandement de Toulon, contient, entre autres passages dictés par un cœur tout français : « Il est très vrai que l'armée de la Loire a fait sa soumission ; celle du duc d'Albuféra en a fait autant. Aucune puissance ne peut empêcher que ce qui est fait soit fait. Il faut, par une conduite sage et militaire, que nous nous montrions les véritables défenseurs de la patrie, et nous ne serons pas encore sans gloire si nous avons sauvé Toulon. » Ce glorieux et précieux testament militaire; se trouve maintenant en la possession de l'auteur, qui le tient de l'honorable amitié de M. le baron Seruzier fils, docteur en droit, avocat à la Cour royale de Paris.

Et lorsque reparut le cadavre flottant,

Sur lui les forcenés tiraient à bout portant.

Faut-il l'écrire enfin ? Dans leur aveugle rage,

Une garde reçut la consigne, à la plage,

De ne laisser venir près du corps en lambeaux

Que les chiens dévorants, les loups et les corbeaux *!!!

Et vous, nobles soutiens du pouvoir légitime,

Et vous ! qu'avez-vous fait pour comprimer le crime ?

Dans ces néfastes jours d'infâme trahison,

Et vous ! qu'avez-vous fait pour frapper Trestaillon ?

Et vous ! qu'avez-vous fait dans sa noble souffrance,

Sans la défendre, au moins pour consoler la France ?

Vous !... vous avez soustrait, riant de tous nos maux,

Un portrait vénéré parmi les maréchaux !

---

* Si épouvantables que soient ces détails, ils sont tous scrupuleusement historiques ; seulement la consigne donnée à la garde placée auprès du cadavre rejeté par les flots était de ne laisser approcher que *les animaux carnassiers*. Ceux qui douteraient de ces horreurs peuvent se reporter à la requête présentée au roi au nom de madame la maréchale Brune, requête reproduite dans le barreau français et signée Dupin aîné. Le nom de cet avocat indépendant et courageux se retrouve encore ici.

A VICTOR HUGO.

Il chantait, il priait, ses hymnes solennelles
Frappaient, aux pieds de Dieu, les voûtes éternelles;
    Les anges chuchotaient tout bas :
—Trop près! ce n'est qu'un homme, il a par trop d'audace!
— Trop loin, répétions-nous, il se perd dans l'espace ;
    Anges, hommes, ne voulaient pas.

C'est qu'il est dans le ciel un éternel mystère
Qu'on ne doit pas percer quand on vit sur la terre ;
  Ils sont un peu jaloux là-haut :
Sur l'échelle céleste on n'admet que les âmes,
Et ses derniers futeaux, que rougissent les flammes,
  Dévorent nos pieds à l'assaut.

Ici l'on n'aime pas qu'on sorte de l'arène.
Un soldat, passe encore, un poète les gêne :
  — Un laurier, s'il le faut, et meurs.
Qui voudra reculer les bornes de la lice
Doit d'abord s'apprêter à subir le supplice.
  — Esclaves, apportez des fleurs !

Ils aiment avant tout les plaisirs de la table,
Ils chantent de Samos le nectar délectable ;
  Qu'Apollon garde sa splendeur !
Au poète du ciel ayons nos gémonies,
De cet homme de Dieu brûlons les litanies,
  Criant parfois : Seigneur ! Seigneur !

Alors ils l'ont serré dans de rudes étreintes
Dont même après la mort on garde les empreintes ;
    Bien garotté dans ses liens,
Il se vit dépouiller de sa noble tunique,
Qu'avec des cris de joie une race impudique
    Jeta, vil jouet, à des chiens ;

Des chiens moins méchants qu'eux. A l'arbre du martyre
Quand il fut bien fixé, ces gens, dans leur délire,
    Ont follement délibéré.
— Finissons, dit l'un d'eux, sous les pierres qu'il roule.
— A nous aussi la boue ! — Un autre, dans la foule,
    Proposa le dard acéré ;

Mais sans le délier. Et les flèches sifflèrent,
Et presque à bout portant quelques-uns l'ajustèrent.
    — Reculez donc de quelques pas,
Païens ! Le néophyte il faudra bien qu'il meure ;
Mais au moins qu'il le sente, au moins que l'homme pleure ;
    Sans pleurs à quoi bon son trépas ?

Puis, empennant leurs dards des plumes de colombe,
Ils le narguaient encore en voyant qu'à la tombe
    Il voulait sauter d'un seul bond ;
Pas encore ! Il lui faut une plus rude tâche ;
Voyez le beau martyr ! Le voilà qui se fâche,
    Son sang aux larmes se confond.

Éparpillez-vous donc, enfants, dans cette plaine !
Courez et ramassez chaque flèche incertaine ;
    Rapportez-les, et nous rirons !
C'était bien fait pour rire, et les chefs de la bande
Donnaient à ces archers la verte réprimande,
    Encourageaient les plus poltrons.

Les flèches voltigeaient sur ses bras, sur sa tête ;
Son corps était meurtri, joyeuse fut la fête ;
    Un dernier les fit rire tous,
Car lorsqu'il gémissait en disant : Je pardonne,
Il lui posait au front sa saignante couronne,
    Couronne d'épines, de clous.

—Païens! je vous pardonne, et pour vous seuls je souffre ;
Dans vos nuits de bonheur, revenant sur ce gouffre,
    Mon ombre pourrait se dresser :
Mais non! du feu vengeur qui vous attend peut-être,
J'éteindrai l'étincelle aux mains du divin Maître
    Sous les pleurs qu'on m'a fait verser !

—Il est fou! Dansez donc, filles de la montagne!
Il est fou! Sachez-le, l'homme bat la campagne!
    Il est risible le chrétien !
Rions, dansons, chantons; bien drôle est l'aventure :
Vous verrez qu'il faudra choisir la sépulture
    De cet autre saint Sébastien !

Et c'était toi pourtant! Ils t'ont boudé les anges,
Toi leur frère; pourquoi, pour chanter tes louanges,
    Les quitter, d'en haut descendu ?
Ils n'aiment pas au ciel que l'on quitte le Père :
Quand le Christ se fit homme, et vint sur cette terre,
    Pas un d'eux ne l'a défendu.

— Il chantait, il priait; ses hymnes solennelles
Frappaient aux pieds de Dieu les voûtes éternelles.

Les anges chuchotaient tout bas :

— Trop près! ce n'est qu'un homme, il a par trop d'audace!
— Trop loin, répétions-nous, il se perd dans l'espace ;

Anges, hommes ne voulaient pas!

CAMBRONNE.

Lorsqu'on eut déchaîné plus d'un million d'esclaves,
Et pour exterminer un reste de vieux braves,
  Lorsque la trahison
Vint de notre empereur changer la destinée,
L'homme ne voulut pas garder plus d'une année
  Sa première prison.

Parfois vous surprenez un aigle dans son aire
A vingt chasseurs armés ; si cela peut vous plaire,
    C'est glorieux et beau !
Mais tant qu'il vivra, l'aigle aura-t-il le courage,
Quand sa famille attend, de rester dans sa cage,
    La prison d'un moineau ?

L'empereur nous revint, vous savez cette histoire ;
Mais, hélas ! pour ces jours d'incroyable mémoire,
    Dans ses pas de géant,
Dieu lui créait alors la périlleuse route ;
Dieu s'en mêlait aussi, se repentant sans doute
    De l'avoir fait si grand !

On voulait en finir ! Dans la grande bataille,
Il leur fallut beaucoup de plomb et de mitraille
    Pour perforer leur rang :
De loin on fit venir un parc d'artillerie ;
Le glaive, en cet instant d'immense boucherie,
    Avait peur de leur sang.

Dans le bruit des clairons, des fifres, des cymbales,
Alors que leur pleuvait une grêle de balles,
  Un homme se dressa,
Et, voyant arriver l'obscur parlementaire,
D'un mot il ordonna qu'il n'avait qu'à se taire,
  Et l'envoyé passa.

— Serrez vos rangs!— On dit dans cet affreux carnage,
Contre eux-mêmes tournant leur aveugle courage,
  Pantelants, mutilés,
Que quelques-uns d'entre eux, sacrifice sublime,
Accomplissant soudain un magnifique crime,
  Se seraient fusillés !

Comme un pan de muraille au fort d'un incendie,
On a vu s'écrouler cette masse hardie,
  Vieux rempart de granit ;
Et parmi ces mourants, glorieuses enceintes,
A peine on entendit murmurer quelques plaintes,
  Et puis le jour finit.

Toi, subissant le feu de toute une colonne,
Homme des temps anciens, tu tombas, o Cambronne !
 Mais le front haut et fier :
Un boulet devait être un dernier coup de grâce,
Car nul n'aurait jamais pu regarder en face
 Ta poitrine de fer.

Tu tombas sans mourir, dernier coup de détresse !
L'étranger mutilant, dans des cris d'allégresse,
 D'effroyables débris,
A passé, se creusant une sanglante ornière,
Et leurs caissons roulaient dans l'humide poussière
 Sur tes membres meurtris.

Toi pour qui je voudrais tresser une couronne,
On n'entend pas ton nom à Mont Saint-Jean, Cambronne ;
 Pour toi se tait l'écho.
Fasse le ciel, o muse, en ta pieuse route,
Qu'un jour, à la chapelle, oublié sous la voûte,
 Tu l'écrives à Waterloo !

LE 13 JUILLET 1842.

Parmi tant de regrets, témoignages touchants,
Que la France à genoux donnait à d'Orléans,
Des chants qu'il eût connus et protégés peut-être,
Sur mon luth, à sa mort, pas un seul ne put naître,
Et je n'ai su trouver, pour mes tristes adieux,
Qu'un soupir dans mon cœur, des larmes dans mes yeux.

II

LARMES.

Il faut que le cœur seul parle dans l'élégie.
(Boileau.)

MA MÈRE !

> Que n'ai-je eu de bonne heure un ange dans ma vie !
> (Sainte-Beuve.)

> Dans la souffrance et les chagrins
> J'ai passé la saison aux doux plaisirs prospère.
> (Mme Dufrénoy.)

La vie est une épreuve et la mort un mystère ;
Le bonheur est un mot, l'espoir une chimère ;
Soi-même s'ignorant, l'homme est né pour souffrir ;
   Mais toi, mon Dieu, qu'on m'a dit de bénir,
Devais-tu, faible enfant, me ravir une mère ?

Plus de tendres baisers! plus de soins caressants!

Ma vie, hélas! ne fut qu'une longue souffrance;

La nourrice étrangère allaita mon enfance,

Et de son bras distrait guida mes pas tremblants.

Aussitôt que du cœur je compris le langage,

Je demandai ma mère, ignorant son trépas;

— Pauvre petit, ta mère est en voyage! —

Et je dis à mon père : Elle ne revient pas.

Un soir, dans la sombre vallée,

(Pauvre père, il pleurait aussi!)

Il me guida près de son mausolée,

Et me dit : Mon enfant, ta mère, elle est ici!

Je l'appelai, frappant sa froide pierre,

Elle fut sourde cette fois,

Et les échos du sombre cimetière

De loin en loin, seuls, répétant ma voix,

Redisaient tristement : O ma mère, ma mère!

Mon père, auprès de moi, paraissait abattu;

— Mon pauvre enfant, pourquoi l'appelles-tu?
On ne nous ne répond plus quand on est sous la terre!

Il m'arracha soudain du triste monument;
Depuis pour moi la vie a perdu tous ses charmes;
Quand je vois une mère embrasser son enfant,
   Je me détourne et je verse des larmes.

FRÈRE ET SŒUR.

> Où est le temps que nous fermions nos paupières jusqu'au lendemain, sous la douce pression du baiser maternel, toujours sûrs de retrouver ce doux baiser à notre réveil ? Hélas ! qui me la rendra cette douce voix qui me disait : Bonsoir, et puis : Bonjour, mon fils.
> (Jules Janin.)

Un soir, il faisait froid dans la triste vallée ;
De loin je vis passer, au détour d'une allée...
— Ne doutez pas, c'était un frère avec sa sœur.
Le nom de cette sœur était, je crois, Estelle,
Et son noble regard avait une étincelle
Qui, quand on n'est pas frère enfin, fait battre un cœur.

La sœur, en se baissant, cherchait une pervenche;
Le jeune homme, distrait, arrachait une branche;
Mais posant sur sa sœur un regard fraternel :
Je souffre, lui dit-il. — Eh qu'as-tu donc encore?
— Hélas! quoique lointain, un chagrin me dévore...
Plus de mère, voilà mon malheur éternel!

Le doigt de la douleur touchait la sensitive,
Et la sœur redevint tout à coup attentive,
Et, regardant son frère, elle lui prit le bras :
— Comme toi je subis une douleur amère,
Ami, si tu le veux, oui, causons de ma mère;
Frère, depuis huit jours tu ne m'en parles pas.

— Te souvient-il encore, o compagne chérie,
De ces rêves confus du matin de la vie,
Nous qui, du même sein échappés en un jour,
Avons aussi rendu caresse pour caresse
A cette mère, hélas! dont le nom dit tendresse,
Répondant, par nos jeux, à ses baisers d'amour?

Mais la mort brise tout, et de sa faux cruelle
Elle écarta nos bras et sut trouver son cœur.
Que ma mère était pâle ! Et moi pourtant, près d'elle,
Je jouais, innocent, sur son lit de douleur.

— Enfants, dit-elle un soir, écoutez votre mère !
Je vous aime, pourtant il faut vous dire adieu,
Il faut que je vous quitte ;—Où vas-tu?—Chez mon père.
—Sa demeure?—Est au ciel.—Quel est son nom?—C'est Dieu!
— Conduis-nous avec toi ; — C'est un trop long voyage.
— Ma mère, loin de nous resteras-tu longtemps ?
Bonne mère ! Des pleurs inondaient son visage,
Et sa bouche disait : Pauvres petits enfants !
— Que je souffre, mon Dieu, pour sortir de la vie !
— Maman, eh qu'as-tu donc ? Tu nous dis tous les jours
Que ton père secourt le juste qui le prie:
Nous prions bien souvent, et tu te plains toujours.

Elle se tut bientôt, hélas ! puis autour d'elle
    Régna le silence de mort.

Moi, tranquille pourtant, je te dis : Viens, Estelle,
Le sommeil va calmer sa souffrance cruelle ;
Viens, Dieu secourt le juste, et ma mère s'endoit.

Mais ce sommeil est long ! Notre mère endormie,
    Hélas ! ne se réveilla plus,
    Et lorsque nos accents confus
Demandaient qu'à nos cœurs on rendît notre amie ;
Les cruels nous disaient : Votre mère est partie !

Alors, les yeux en pleurs, t'entourant de mon bras,
Je te disais : Ma mère est sans doute à la ville,
Au devant d'elle allons, jusqu'au chêne là-bas...
Mais le passant, voyant notre route inutile,
Disait : Petits enfants, où portez-vous vos pas ?
Venez, le temps est froid, le chemin difficile,
Regagnez avec moi la chaumière tranquille.
Alors, nous regardant, nous nous disions tout bas :
Ma mère nous oublie, elle ne revient pas.

— Et le frère pleurait. D'un air naïf et tendre,
Mon ami, dit la sœur, c'est bonheur à t'entendre,
Mais calme ton chagrin, car je suis ta sœur, moi !
— Que Dieu t'entende, Estelle ! Un jour, épouse et mère,
Te rappelleras-tu les douleurs de ton frère ?
Et la main sur sa bouche elle lui dit : — Tais-toi.

Tais-toi ! Je suis toujours ta sœur aimante et bonne ;
Frère, attache à la tombe une noble couronne ;
Tu pleuras dignement, le bon Dieu t'entendait ;
Frère, obtiens le laurier, cet espoir de ta vie !
Je serai toujours là pour repousser l'envie...
— Bientôt l'on fit silence et la neige tombait.

LA MORT D'UN JEUNE ENFANT.[*]

> Adieu, fragile enfant échappé de nos bras !
> (André Chénier.)

> Deux cercueils inégaux passèrent.
> (Soumet.)

A la tombe finit la peine.
Ils disaient : — Il mourra vers l'automne prochaine ; —
    L'enfant, en proie à ses douleurs,
Épiait, attentif, leur sinistre langage,
Et comme il se mourait, il crut à ce présage,
    Et se prit à verser des pleurs.

[*] Mention au concours de Douai.

Par de tendres baisers, parfois sa pauvre mère
Ranimait, dans son cœur, une vie éphémère ;
Elle lui répétait : Non, tu ne mourras pas ;
Et si l'enfant parlait de l'automne prochaine,
La mère répondait, en montrant le vieux chêne,
    Les feuilles ne tomberont pas.

    Et sur le sein de la mère chérie,
L'enfant cherchait en vain à retrouver la vie,
Exhalant sa douleur en des soupirs confus ;
Et l'enfant, qui voyait sa mère gémissante,
Lui répétait souvent, d'une voix innocente :
Mes cris te font pleurer, je ne me plaindrai plus.

Mais l'automne approchait ; sur la triste nature,
    Déjà le soleil pâlissait ;
A demi dépouillé de sa verte parure
    Le chêne antique jaunissait.

Ma mère, dit l'enfant, la feuille déjà tombe ;

Mais pourquoi parlaient-ils de douleur et de tombe?

Je crois qu'ils se trompaient, mes maux sont moins cuisants;

Mets la main sur mon cœur, il bat moins fort, ma mère ;

Rassure-toi, je sais qu'ils ont dit à mon père

    Que je vivrai jusqu'au printemps.

La mère cependant dévorait tant d'alarmes ;

    Elle se cachait pour gémir,

Lorsqu'un soir, il lui dit : Mère, sèche tes larmes,

Viens, viens que je t'embrasse avant de m'endormir.

Mais le sommeil fut long, le matin fut terrible ;

La mère, en s'éveillant, le pressa dans ses bras,

L'appela, le baisa, l'enfant fut insensible,

Et la mère disait : Il ne me répond pas !

    On la plaignit, la pauvre mère ;

    On partageait sa douleur et ses maux,

    Mais le passant, sous une croix de pierre,

        Bientôt aperçut deux tombeaux.

L'AÏEULE.

> Où sont de ma marraine
>   Les leçons,
> De ma cousine Irène
>   Les chansons,
> Mes lapins de garenne,
>   Mes pinsons ?
>
> Ma raquette dorée,
>   Mon volant,
> Mon cerf à l'empirée
>   S'envolant,
> Ma toupie égarée
>   En sifflant ?
>
> Rêves d'amour, de gloire,
>   D'amitié,
> Rendez-moi leur mémoire,
>   Par pitié !
> Je tâcherai d'en croire
>   La moitié.
>   (Ch. Nodier.)

Ma muse aime souvent à se recueillir seule,

Et ce soir ma veillée est toute à mon aïeule ;

Pardonnez-moi ces vers et mes rêves confus ;
J'aime tant à causer des jours qui ne sont plus !
Dans ma douleur d'enfant, qui pourtant fut amère,
Quand la mère partit, me resta la grand'mère,
Doux nom qui retentit dans mon cœur ulcéré !
Puisse-t-il par mes chants être aussi vénéré !

Sans que ses mœurs jamais souffrissent l'imposture,
Elle vit Louis quinze avec sa cour impure ;
Elle a, sous la Terreur, manqué d'être en prison
Pour n'avoir pas loué la déesse Raison.
Plus tard, dans nos malheurs, aidant à l'œuvre pie,
Quand elle eut soixante ans, elle fit la charpie
Aux soldats qui trouvaient chez elle un hôpital,
Mais en hochant la tête et disant : Ça va mal.
Taquine un peu plus tard, quoique chrétienne austère,
Au vieux curé souvent elle citait Voltaire,
Sans que notre cher homme en ait jamais pris feu,
Et pourtant, par hasard, on se fâchait un peu.

De son trésor d'amour j'ai gardé souvenance ;
Laissez-moi vous montrer ces lieux où mon enfance
Comprit enfin la vie : on aime à raconter
Quand, comme moi surtout, l'on ne sait inventer.

L'arbuste, dans la cour, avait remplacé l'arbre ;
A l'entrée on voyait deux vieux chevaux en marbre,
Que l'on m'a vu souvent, sur la porte, enfourcher :
Tout jeune que j'étais, j'aimais à chevaucher.
Passons. De cette cour, où brillaient quelques roses,
On pénétrait bientôt, par deux portes bien closes,
Qu'un autre vous dirait, désespoir d'Aquilon,
Dans une chambre unique ; elle était le salon,
Boudoir, salle à manger, au fait peu décorée ;
Par la propreté seule, un tant soit peu lustrée :
Asile des bons cœurs, cher et touchant réduit
Où l'on riait le jour, où l'on dormait la nuit !
Deux lits, que séparait le saint meuble où l'on prie,
Se voyaient dans l'alcove ; un était pour Marie

Et l'autre pour l'aïeule ; une croix au-dessus
Voyait parfois couler quelques pleurs répandus.
Au centre de la salle était la cheminée,
Par la chandelle, au soir, bien tard illuminée ;
Une pendule en cuivre, et c'était rare alors,
Était le point central d'innombrables décors ;
Aux deux coins séparés, une Fanchon vielleuse
Narguait un savoyard, dans son rire joyeuse,
Puis un vieux singe en bois, un grimaçant moqueur,
Qui lorgnait une orange à savoureuse odeur.
A l'écart on voyait la modeste épinette
Qui depuis le veuvage, hélas ! restait muette ;
Sur elle la maison d'un pimpant perroquet,
Un appelé Raro, bruyant dans son caquet ;
Elle gardait aussi, pour ce seul bien avare,
Dans un coin appendue une vieille simarre...
Et la grand'mère était assise en son fauteuil,
Vieux meuble de famille et legs du bisaïeul.
J'entrai ; je crois alors qu'elle lisait la Bible,
Ce baume consolant des bons cœurs que l'on crible.

J'entrai donc, par deux fois, timide et m'inclinant ;
Elle ferma le livre et dit, m'examinant :
Qu'il est frêle, bon Dieu ! sa poitrine est chétive ;
La voix de cet enfant est déjà bien plaintive !
J'aurai beau lui parler de quelque grand combat,
Nous aurons bien du mal d'en faire un bon soldat !
Gâtons-le. — Mot bien dit ; car partout où je passe,
Quoique grandi, je veux un peu plus que ma place.
Mot bien dit, brave aïeule, et j'ai trop profité :
On me nommait jadis, je crois, enfant gâté.

De ma joyeuse enfance heureuses aventures !
Marie alla chercher de riches confitures
Que je n'accueillis pas du tout avec dédain,
Et l'aïeule disait : Bon appétit, blondin !

A cet âge, on a fait en deux mots connaissance ;
Sur ses genoux tremblants déjà je me balance ;
En deux heures, j'y suis déjà depuis un an :
— La confiture est bonne ; en mangez-vous, maman ?

Vous me voyez d'ici, déjà je suis le maître ;
Ma toupie en grondant traverse la fenêtre,
J'agace son oiseau, je taquine son chien,
Et l'aïeule de dire en riant : Ce n'est rien !

Oh ! bonne femme, va ! Ranimant cette fête,
Aïeule de mon cœur, que ne suis-je poète ?
D'autres ont illustré dans des vers immortels
Leurs amours publiés qui voulaient des autels :
Tibulle avec Pétrarque ont chanté leur amie.
Viens ! que ton ombre aussi berce mon insomnie ;
J'oublierais un moment que je fus amoureux,
Si mon laurier pouvait orner tes blancs cheveux.

J'aurais gémi sans elle autrement, dans ce monde ;
On ne saura jamais, o marâtre inféconde,
Nature, tout le mal que peut faire un tombeau !
Sans une mère, enfin, à quoi sert un berceau ?

Ce berceau fut placé dans le premier étage ;
Marie, en me couchant, me disait : Soyez sage,
Puis elle me baisa. Mon cher petit duvet,
J'étais sauvé, l'amour était à mon chevet.

Pétulant, au matin, quand je vis la lumière,
Je vins près de l'aïeule. — As-tu fait ta prière ?
—Non, je songeais à vous.—Enfant, moi, c'est trop peu :
Avant tout, mon cher fils, il faut penser à Dieu.
— Ah ! c'est pour lui, je crois, que m'a quitté ma mère !
(L'aïeule, dans ses yeux, eut une larme amère.)
C'est pour lui, je le sais, on me l'a déjà dit.
— Pour le juger, enfant, vous êtes bien petit !
A genoux, mon ami ; la Providence est bonne,
Elle hait les méchants, aux bons elle pardonne.
Et mon aïeule alors, sans parler de l'enfer,
M'expliqua tous les mots de mon *Pater noster*.

Comme ce souvenir me réchauffe et m'anime !
Ah ! si vous saviez tous la morale sublime

Qu'elle inculquait alors dans mon cœur, à six ans :
Le bon Dieu, disait-elle, a pitié des enfants :
Son fils un jour, pour nous, naquit dans une étable !
Parfois je discutais et lui parlais du diable ;
J'aurais voulu toujours reculer l'horizon.
Méchant ! Oui je voulais avoir souvent raison.
Qu'en ferons-nous enfin, pensive, disait-elle ?
Soldat, il est chétif ; prêtre, il serait rebelle.
Plus tard, je répondis, par un ton de docteur :
Ni prêtre ni soldat, ma grand'maman ; auteur !

Et ce fut un blasphème, et j'aurais dû me taire.
Le fils du laboureur, qui cultive sa terre,
Ne voit pas, s'épuisant en stériles combats,
Avant l'âge, à son front tomber de blancs frimas !

Mais l'aïeule, entre enfants, qui redoutait l'envie,
Me dit : Va chez ton père, ami, cours et convie
Au repas du foyer tes deux petites sœurs ;
Car c'est ma trinité vos trois bons petits cœurs.

J'y courus; bien venue était cette nouvelle;
De joie elles sautaient, Victoire avec Adèle,
Quand je vins triomphant, avec un doux émoi,
Dire : Je vous invite à dîner. — Où ? — Chez moi.

Je nous vois tous les trois à cette heureuse table,
Où l'on but d'un sirop le nectar délectable;
C'étaient des mets sucrés, des biscuits, des marrons :
En avons-nous mangé de ces chers macarons !
Au dessert, de mes sœurs entrebaillant les poches,
Indiscret, je fourrai trois ou quatre brioches ;
Chacun fit de son mieux, bien fort se régala.
Oh! que vous étiez bon, mon Dieu, dans ce temps-là !

Notre aïeule était là bien riante et joyeuse;
Mais après le repas, devenant sérieuse,
Elle dit : A dessein, je vous tiens tous les trois;
Écoutez-moi, peut-être une dernière fois !
Hélas! oui, mes enfants, car je me fais bien vieille ;
Car mes jambes s'en vont, dure devient l'oreille :

Mais vous voyant unis, je me sens ranimer.

J'ai besoin de vous dire : Il faut bien vous aimer ;

En chagrins imprévus notre vie est féconde ;

Vous ne savez, enfants, ce que c'est que le monde.

Si du bonheur jamais il vous faut le secret,

Méprisez entre vous le sordide intérêt.

Lorsque vous recevrez un fruit de votre père,

Que la sœur aussitôt partage avec son frère.

Les filles, avant tout, brillent par la douceur ;

Si le frère est trop vif, ne jugez que le cœur ;

Que le plus malheureux soit celui que l'on aime !

Je vous parle à présent comme au moment suprême ;

Enfants, je vous bénis ! Nous étions à genoux ;

Je pleurais ; elle dit : Mes amis, aimez-vous.

Contez-nous donc enfin une histoire, marraine !

— *Il était autrefois un roi et une reine.......*

Nos trois cœurs palpitants bondissaient tout à coup.

— **Raconte, grand'maman, et dis-nous-en beaucoup.**

O cher petit foyer, comme brillait ta flamme
Lorsque nous nous serrions près de la bonne femme !
Silence solennel et doux enivrement !
Et c'était Cendrillon, la Belle au bois dormant,
La Lampe merveilleuse, avec ses flammes bleues,
Et le petit Poucet aux bottes de sept lieues !
Un soir je m'écriai, la grand'mère en eut peur :
S'il en avait, marraine ! — Eh qui donc ? — L'empereur !
L'aïeule répondit : Vanités de la terre,
Dans de saignantes mains, vous brisant comme un verre,
Valez-vous, o grandeurs ! qui lui faites défaut,
Le foyer, trois enfants, un conte de Perrault ?

Sans trop nous occuper de cette grande gloire,
De Gulliver souvent nous écoutions l'histoire ;
Le voilà prisonnier dans les mille liens
Que tressèrent, la nuit, les Lilliputiens :
Mais pour parer les coups des vingt mille sagettes,
Par bonheur Gulliver a gardé ses lunettes !

Oh! combien cette histoire avait pour nous d'attraits,
Quand il dompta le feu dévorant le palais!
Et puis chez les géants quand on le met en cage!
Et le vase de lait qu'il traverse à la nage!
Tout est là, comme un rêve, un songe, un joyeux son :

Mais le plus grand héros pour moi fut Robinson!
Robinson! Robinson! mon âme émerveillée
A prolongé pour toi la trop courte veillée;
Haletant, avec toi, j'ai défriché le sol;
J'ai cousu, de mes mains, ton vaste parasol;
Tu m'enseignas comment on dompte la paresse;
J'ai pleuré ton Médor expirant de vieillesse;
Avec toi j'instruisis ton perroquet causeur;
Ta Bible était pour moi le livre d'un penseur;
Sur le sable j'ai vu les pas des cannibales;
J'en frémis, Robinson; mais nous avions des balles.
J'en suis encore ému, tremblant, abasourdi...
Par bonheur, à nos pieds, vint tomber Vendredi!

Et, pour former mon cœur et mon goût, la marraine
Un jour me fit cadeau d'un riche La Fontaine ;
Des illustrations y brillaient avec art,
Soit monsieur du Corbeau, le Bouc et le Renard.
— Enfant, consulte bien et médite ce livre !
Grands et petits, nous tous, il nous enseigne à vivre ;
Des enfants, des vieillards, c'est l'immortel ami !
Pourtant n'imite pas l'égoïste fourmi ;
Car si le pauvre eut tort, faut-il qu'il meure ? — Donne !
Sa conduite est à Dieu, qui punit et pardonne.
Mon enfant, Dieu chérit ici-bas les derniers ;
Les pauvres sont toujours nos premiers créanciers.

J'avais douze ans alors. Un jour, tout alarmée,
L'aïeule, dans sa cour, vit entrer une armée ;
Galopins comme moi, leur amour fraternel,
Sans cabale, m'avait nommé leur colonel.
L'empereur revenait. Je crois la voir encore,
Lorsque je brandissais un drapeau tricolore !

Elle cria : Qui vive ? et je dis : Citoyens !
— Nous allons, grand'maman, au devant des Prussiens !
En attendant, l'on mit la maison au pillage ;
Trois innocents lapins périrent dans leur cage ;
La cuisine fut prise aussi sans coup férir.
— Les mauvais garnements ! Ils me feront mourir ! —
Je battis un soldat ; qu'un regret le console !
Pour réparer mes torts, le soir, sur la console
Où l'aïeule plaçait tout son argent sans peur,
Je dérobai deux sous. — Quoi ! vous êtes voleur ?
— Mère, c'est pour Paulin que j'eus le tort de battre.
L'aïeule, en m'embrassant, répondit : Prends-en quatre.

Hélas ! qui comprendra mes regrets d'aujourd'hui ?
C'est trop vous ennuyer ! L'aïeule, mon appui,
Qui m'appelait aussi son bâton de vieillesse,
Dut nous causer à tous une immense tristesse.
Son jour était marqué ; l'aïeule s'en allait.
Elle le savait bien ; tout bas elle priait.

—Enfants! pourquoi pleurer? Le bon Dieu me rappelle;
Du ciel je vous verrai Chéri, Victoire, Adèle!
Aimez-vous bien tous trois! Il nous faut tous finir!
Que le bon Dieu, là-haut, n'ait pas à vous punir!
Dans sa bouche, en mourant, ces paroles passèrent,
Et de tristes flambeaux bientôt l'illuminèrent;
Et nous pleurions toujours! Le lendemain, en deuil,
Les pauvres se battaient pour porter son cercueil;
Depuis, on me l'a dit, dans la triste vallée
La mousse se propage autour du mausolée
Et quant à l'amitié que voulaient ses discours,
J'irai lui dire au ciel si j'y pensai toujours.

UNE MÈRE.

> Il y avait tout à l'heure une voix
> d'enfant qui me disait : Ma mère !
> Cette voix, je ne l'entendrai plus.
> (Mme DE STAEL.)

Un ange, ce matin, est parti pour les cieux !

Trop stériles témoins d'une douleur amère,

Des larmes, des soupirs, des fleurs sont nos adieux ;

Mais pour pleurer toujours il faut un cœur de mère.

Dans ce jour de douleur, lorsque l'art impuissant

Eut dit : Je ne puis rien pour sauver son enfant,

Un cri de désespoir, c'était un cri de femme,

Vint briser notre cœur et déchirer notre âme.

—Mon enfant! Mon enfant! Il se meurt, Dieu le voit!
Rendez-moi mon enfant, il expire, il est froid...
Elle étouffe ma fille! à peine elle respire!
Non! son cœur bat toujours, c'est un rêve, un délire!
Ah! si la mort s'approche, on peut la désarmer;
Je sauverai ma fille à force de l'aimer.

La pauvre mère folle, égarée, haletante,
Enlevait son enfant de sa couche brûlante,
L'appuyait sur son sein, le berçait dans ses bras,
Le nommait, le choyait et lui parlait tout bas,
Bien bas... que disait-elle? Ah! c'est un doux mystère!
Que sais-je? Elle épuisait le livre d'une mère.
— Je te voue à la Vierge, elle fut mère aussi;
Le Dieu qu'on dit partout, il est sans doute ici;
De sa puissante main il fermera le gouffre,
Il me voit; il m'entend, il sait ce que je souffre;
Il ne veut pas sitôt te retirer de moi,
Ici bas, mon enfant, que devenir sans toi?

LARMES.

Ah! qu'au moins à ma voix ta douce voix réponde !
J'ai souffert bien des maux pour t'amener au monde ;
J'ai vu déjà dix fois se lever le soleil,
Auprès de toi, debout; qu'importe le sommeil?
Mon enfant est mon dieu, ma joie et ma patrie,
Et si l'on me disait: Ton épaule meurtrie
Le portera partout en demandant du pain,
Je dirais: C'est ma fille, et je tendrais la main.
Qui ne s'attendrirait, enfant, sur ton jeune âge?
Pour te sauver, j'irais de village en village,
Sous des haillons grossiers, au coin de quelque bois,
Je te verrais, au moins, sourire quelquefois ;
Je puis tout surmonter, tout, pourvu que tu vives.
Pourvu que j'aie encor tes caresses naïves,
D'une mère le cœur ne perd jamais l'espoir ;
Ton père, mon enfant, veut t'embrasser ce soir...
Pour la première fois, je ne veux pas qu'il pleure ;
Demeure sur mon sein, o ma fille, demeure.
Tu soupires, ma fille, allons, ouvre les yeux !
J'aurai des papillons et de beaux oiseaux bleus ;

Au pied du lit vois-tu ce beau petit ménage,

Et, dans le bocal blanc, le poisson qui voyage?

Et les brillantes fleurs de ton petit jardin!

Et le melon sucré qu'on mangera demain!

Et la grande poupée! et cette grosse orange!

Mon Dieu, que de joujoux! Oui, tu vivras, mon ange!

Oh oui! demain matin nous irons au verger,

Le gros pigeon viendra près de toi voltiger.

Nous trouverons des œufs que la cloche rapporte *

Tout rouges, sous le buis. — Parle à ta fille! morte!

Oh! ce fut un moment d'épouvante et d'effroi,

Car la mère disait: mon Dieu, c'est trop pour moi!

Et tout en pleurs alors, se penchant vers sa couche,

Sur l'enfant déjà froid elle imprima sa bouche.

Un impuissant baiser, un douloureux soupir...

Dans ces moments, du moins, si l'on pouvait mourir!

---

* On sait que dans plusieurs provinces de France, le Samedi saint, on cache des œufs rouges aux buis des jardins, et que les petits enfants qui les cherchent croient ou font semblant de croire que les cloches, enfin revenues, les y ont déposés.

LARMES.

Bien au delà des mers, sur de lointains rivages,
On dit qu'on trouve encor des peuplades sauvages
Dont un culte pieux adoucit la douleur ;
Partout où l'homme habite, habite le malheur.
Quand la faux de la mort tranchant sa destinée,
Dans les bras d'une mère, aux larmes condamnée,
Enlève un jeune enfant, au flexible rameau
D'un platane élancé l'on suspend son tombeau ;
Le folâtre zéphyr de temps en temps le berce,
Un rayon de la lune en passant le caresse ;
Les oiseaux, pour sa tombe, ont des concerts joyeux ;
Ah ! sous un plus beau ciel, on comprend mieux les cieux !
L'enfant, peut-être, entend les soupirs de sa mère,
Mais nous n'avons pour lui que des pleurs et la terre.

Adieu, songes d'amour ! adieu, doux rêves d'or !
Pauvre mère, longtemps tu devras voir encor
Tants de muets témoins qui rappellent ta perte,
Et ces hochets épars sur la couche déserte,

Et tous ces riens chéris que touchait ton enfant,

Ces frivoles jouets, reliques à présent;

C'est ici que son cœur, s'ouvrant enfin passage,

Trouva le premier mot d'un innocent langage,

Et prononça : Maman! Tendant ses petits bras,

Un jour, là, sans tomber, elle a fait quatre pas;

Voilà le char léger où la plaçait son frère!

Là, tous les jours joyeuse, elle embrassait son père!

C'est là, sur ce tapis, qu'elle jouait le soir!

Sur ce fauteuil, souvent, elle venait s'asseoir,

Et quand notre soleil terminait sa carrière,

C'est ici que l'enfant bégayait la prière!

Mais la prière est lente, et le malheur est prompt;

Nous invoquons la vie et la mort nous répond.

Ah! le sort est bien dur de nous l'avoir ravie!

Et pourtant ramenée aux douceurs de la vie,

Si l'on perd un enfant, quand il en reste deux

Qui lui tendent les bras, la mère vit pour eux!

SUR LA MORT DE MON PÈRE.

> . . . . Un père est un bien précieux
> Qu'on ne retrouve pas quand on le tient des cieux.
> (Ducis.)

Un honnête homme est mort, toute la cité pleure!
Et déjà, se montrant sa dernière demeure,
Ils ont dit : Dors en paix, vertueux citoyen,
Tu n'as pas cru le mal et tu faisais le bien.
Oui, je le comprends bien cet éloge sincère ;
Il était leur ami, mais, moi, c'était mon père !

Si j'avais pu du moins, me trouver près de lui,
Quand de mon père, hélas ! le dernier jour a lui,

Le voir dans cet instant de sa courte agonie,

Ramener de son front la tranquille harmonie,

Recueillir ses conseils, le presser dans mes bras,

Lui répéter toujours : Non, tu ne mourras pas,

Et recevoir, avant cette nuit éternelle,

La bénédiction de la main paternelle !

Mais l'on vint annoncer cette mort à mon cœur,

Ce fut bien plus qu'un mal, ce fut une frayeur

Qui devenait pour moi presque incompréhensible ;

Je n'ai trouvé qu'un mot : Lui, mort, c'est impossible !

Et c'était vrai pourtant ! Il me fallut partir,

Arriver lentement, entendre retentir,

En m'approchant plus près, une cloche lointaine,

Dont le son douloureux se perdait dans la plaine ;

Je le reconnus bien, mon père n'était plus !

Et le pâtre, pensant que c'était l'angélus,

Au soir, rentrait joyeux sous la bure grossière ;

Son père l'attendait sans doute à la chaumière.

Mais du toit paternel je dus franchir le seuil ;
Au dehors, au dedans, tout annonçait un deuil ;
Son nom, béni de tous, était dans chaque bouche ;
J'arrivai tout tremblant, et je vis sur la couche
Où l'on m'avait conduit, un corps inanimé,
Marbre... silence... rien... Un père tant aimé !

C'était bien lui pourtant ! sa face vénérable,
De son cœur conservait la paix inaltérable.
Ah ! le ciel connaît seul ce que j'ai souffert, moi !
Ce cadavre si froid, père, c'était donc toi !
Quoi ! mes baisers de feu sur ta face glacée,
N'ont pas pu, sur ton front, ramener ta pensée !
Je n'ai pu réchauffer, sur mon cœur, cette main
Dans la mienne aujourd'hui, dans la tombe demain.
En vain je demandais un généreux sourire,
Hélas ! ton doux regard n'avait rien à me dire,
Car tu dormais toujours sans écouter mes cris,
Car tu n'entendais plus... Pourtant c'était ton fils !

Je ne le croyais pas, et j'espérais encore,

Mais quand d'un soleil faux l'horizon se colore,

Lorsqu'un orage affreux livre la feuille aux vents,

Pour toujours on l'enlève au séjours des vivants.

Tout gémissait alors, les hommes, la nature,

Partout les pleurs amers, mais à moi la torture!

Du cimetière obscur j'ai dû franchir le seuil;

En vain un cercle ami m'a caché son cercueil,

Dans la tombe, roulant, je l'entendis descendre,

Pour la dernière fois ma main bénit sa cendre...

Ah! qu'on m'enlève, amis, de ce funèbre lieu,

Tout mes maux sont comblés, je ne crois plus en Dieu!

Plus calme! Il ne faut pas blasphémer sur la tombe!

Plus calme! Sur la terre, il faut que tout succombe,

L'homme, l'oiseau des champs, la feuille de l'ormeau;

Plus calme! Notre monde est un vaste tombeau;

Chacun doit y porter sa couronne d'épines,

Il faut tous, ici-bas, marcher sur des ruines;

Mais au moins garde-moi, mon Dieu, mon seul appui,
Dans la tombe et là-haut ma place auprès de lui!

Mais comment vivre, hélas! sans toi, sur cette terre,
Conserver ma douleur, la cacher et la taire,
Mon père, ange de Dieu que j'ai tant adoré,
Ami si généreux, qui seras tant pleuré?
Oh! qu'on me laisse au moins de pieuses reliques!
Je n'attends pas ici des présents magnifiques,
Mes sœurs, mais laissez-moi ce modeste tableau
Où mon père est aussi debout près d'un tombeau ;
Cette coupe où souvent, dans son ardente fièvre,
Sans apaiser sa soif il vint mouiller sa lèvre,
Et ces mots qu'il traça de ses doigts caressants :
« Cheveux de mon Chéri, quand il avait trois ans. »

Oh! tu m'aimais donc bien, cher ange tutélaire,
Pour porter ce sachet sur ton cœur, mon bon père!
Quand tu les enlevas, à mon front, ces cheveux,
Pour cacher dans ton sein ce trésor précieux,

Quand tu soufflas, parmi leur dépouille choisie,
Sur ce front jeune encor l'amour, la poésie,
Ange étendant ton aile aussi pour m'abriter,
Bon ami, pensais-tu qu'il fallait nous quitter ?

Depuis je rêve à lui ; sous la verte feuillée
Il ne m'apparait plus au détour de l'allée ;
Du berceau favori, qui souvent l'ombragea,
Les rameaux jaunissants s'éparpillent déjà ;
Sa main n'arrose plus le rosier qui s'effeuille,
Les fleurs qu'il cultivait, une autre main les cueille ;
Tout languit maintenant : comme s'il faisait froid,
Le trois mai l'hirondelle a fui loin de son toit ;
Elle ne viendra plus, quelque printemps qui vienne,
Gazouiller près d'ici : ma douleur est la sienne.
Hélas ! que faire ici, que faire seul au soir !
Dans son fauteuil absent il ne vient plus s'asseoir ?
Il ne me gronde plus, avec son bon sourire ;
Je ne l'entendrai plus essayer sa satire,

Qui, bonne cependant, en son joyeux refrain,
Narguait d'un trait piquant mon vers alexandrin.

Mon père! tendre ami qui choyas mon enfance,
Toi que je n'ai pas vu dans ta nuit de souffrance,
Toi pour qui je vivais, pour qui mes doigts tremblants
Tressaient une couronne à tes beaux cheveux blancs,
Toi dont j'aurais été l'appui dans ta vieillesse,
A qui je préparais, pour les jours de tristesse,
Avec un saint amour, une coupe sans fiel,
Mon père, que fais-tu, sans ton enfant, au ciel?
Peux-tu seul du Seigneur célébrer les louanges?
Que fais-tu donc, sans moi, dans le pays des anges?
Quand j'étais tout petit, tu m'appelais le tien!
Dans mes regrets amers, il me reste un seul bien:
Les anges! Il en est encore un sur la terre,
Qui, pour me consoler, pleure avec moi mon père,
Qui, lisant sur mon front un rêve soucieux,
Simple femme, ici-bas, sait me parler des cieux,

L'épouse de mon cœur, autre âme de moi-même,

Le seul être, après lui, qui m'ait bien dit : Je t'aime,

Qui rit dans mon sourire, et pleure dans mes pleurs;

Qui voudrait étouffer mes chagrins sous ses fleurs.

Eh bien! j'éloigne aussi sa caresse importune;

Ingrat, oui, je le sens, mais ma douleur est une;

A Fanny, que souvent cette douleur troubla,

Je dis : Que me veux-tu? mon père n'est plus là!

Et vous, mes sœurs, et vous, ses vertueuses filles,

Près du même foyer ramenez vos familles,

Car je suis père aussi quand je vois vos enfants,

Car j'ai besoin d'amour, de baisers caressants;

Il est doux de presser les jeunes têtes blondes

De ces enfants si chers, en bonheur si fécondes;

Le poète est souvent soucieux, ici-bas!

Qu'ils viennent sur mon cœur, ne m'abandonnez pas;

Visitons, avec eux, son urne funéraire,

Vouons tous à sa cendre un long anniversaire;

Portons tous notre deuil, tous les ans, au saint lieu ;
Prions ! il nous regarde, en haut, auprès de Dieu !

SUR LA PERTE DE DEUX ENFANTS MORTS LE MÊME JOUR.

A UN AMI.

> Il paraît que c'est ainsi dans ce monde ; les bons cœurs ne sont pas faits pour être heureux.
> (Frédéric Soulié.)

Tu les aimais tous deux, et leur bouche rosée,
Pour toi, faisait pleuvoir une tendre rosée
    Des baisers les plus doux ;
Tu pressais sur ton cœur leur belle tête d'ange,
Tu les faisais, rêvant un bonheur sans mélange,
    Danser sur tes genoux.

Souvent, moins soucieux que les riches du monde,
Bon père, caressant leur chevelure blonde,
    Tu disais : J'ai souffert ;
L'infortune sur moi longtemps s'est assouvie ;
A peine, pour m'aider à supporter la vie,
    Un ami s'est offert !

Mais je suis père au moins ! Qu'importe la fortune !
Lorsque l'on croit en Dieu l'on en a toujours une ;
    Mes enfants grandiront ;
Si j'étanche parfois leurs innocentes larmes,
Ils essuieront, un jour, dans mes vieilles alarmes,
    La sueur de mon front.

Sans rechercher pour eux les grandeurs qu'on renomme,
Ma fille sera sage et mon fils honnête homme ;
    Marchant avec fierté,
Si jamais un méchant les arrête au passage,
Arrière, diront-ils : voilà notre héritage :
    Pas d'or, mais probité !

LARMES.

Aux égoïstes l'or! à moi la Providence!
Mon Dieu, je me confie à ta munificence,
    Puisque j'ai des enfants;
Oui, tu balanças tout dans ta haute sagesse,
A d'autres tu donnas l'éclat de la richesse,
    A moi tes diamants!

Tu disais, pauvre ami! Mais la foudre s'égare,
De coups capricieux elle n'est point avare;
    Tombant sur deux berceaux,
Elle a brisé deux fois ta bonté paternelle;
Quand il est des vautours, la foudre devrait-elle
    Frapper les passereaux?

Pauvres petits amis qui, dans une prière,
Déjà mêlaient ton nom à celui de leur mère,
    Et qui le soir, joyeux,
Quand le sommeil, à nous, apporte quelque trêve,
S'endormaient innocents et suivaient un doux rêve,
    Qui leur venait des cieux!

Eh! que rêvaient-ils donc? Les brillantes aigrettes
D'oiseaux étincelants ; la robe de paillettes
  D'un beau ciel bleu sans fin ;
Puis des célestes voix l'harmonie éternelle,
Ou, dans l'aube naissante, un peu d'ombre sous l'aile
  D'un léger Séraphin ;

Ou dans le frais Éden, d'où Dieu chassa nos pères,
De doux fruits sans poison, des bosquets sans vipères
  Pour les petits enfants ;
Les oiseaux, le ciel bleu, les bosquets, l'harmonie
Même en haut, valent-ils d'une mère chérie
  Les baisers caressants?

Les prendre tous les deux ! c'est vouloir que l'on doute!
De cailloux anguleux c'est semer une route
  Qui déchire toujours!
C'est arriver, enfin, à ce point de lui dire :
O mon Dieu, pourquoi donc m'as-tu laissé construire
  Un nid pour mes amours?

Oh! ne blasphémons pas! Que ta douleur soit calme!
Si c'est là ton martyre, eh bien! obtiens la palme!
      Le malheur est un roi ;
Des larmes, soit, ami! Mais, ce Dieu quoi qu'il fasse,
Espérance et prière!... Il faut bien qu'il se lasse
      D'être oublieux pour toi.

J'ai souvent regretté de n'être pas ton frère ;
Tu sais que je te plains d'une amitié sincère,
      Que mon cœur est navré ;
En voyant leurs jouets et leurs deux berceaux vides
A peine j'ai caché quelques larmes timides ;
      Tu sais que j'ai pleuré.

Car à tous tes chagrins un nœud secret me lie ;
J'ai ma part de douleur ou de mélancolie :
      A chacun ses soucis!
Il te reste quelqu'un dans ta douleur amère ;
A moi Dieu refusa le bonheur d'être père
      Et je ne suis plus fils!

Tu vois que tu n'es pas seul à pleurer au monde;
Et quand tu dis, ami : Dans cette nuit profonde,
>Pour moi, plus de demain,
Le morne désespoir est tout ce qui me reste,
Puisqu'ils partent tous deux vers la voûte céleste
>En se donnant la main;

Quand tu dis qu'il n'est pas de baume qui console,
Mon amitié t'apporte une tendre parole,
>Un chant craintif et doux;
Cette amitié te montre, aux plaines éternelles,
Tes deux anges blottis dans des roses nouvelles
>Qu'ils effeuillent pour nous.

LE POÈTE MOURANT

Lorsque l'automne eut perdu son feuillage,
Lorsque l'amour se fut enfui du bois,
Un rossignol s'envolait d'un bocage
Et notre écho se taisait pour sa voix.
Avant un mois, si Dieu ne le protége,
Sa pauvre mère ira l'ensevelir;
Hélas! encore un tombeau sous la neige!
Aimé de tous, l'ami doit-il mourir?

Et l'on me dit que sous sa sombre alcôve,
Il rit encore et fredonne ses chants,
Mon Dieu, mon Dieu, que ta pitié le sauve!
Ici l'on pleure et nos vœux sont touchants.

Moments cruels! Que tout chrétien se signe
A son chevet en le voyant finir!
Serait-ce donc le dernier chant du cygne?
Aimé de tous, l'ami doit-il mourir!

Il se mourait! Cette larme sincère
D'un cœur aimant, ils la virent couler!
Quand je voyais passer sa bonne mère,
Je m'inclinais sans oser lui parler.
Un soir pourtant : — Le bon Dieu m'abandonne,
Me disait-elle, et c'est par trop souffrir,
Car, à quoi bon les vieux jours qu'il me donne,
Aimé de tous, si l'ami doit mourir!

Bientôt, pensive, elle alla vers l'église
Où je la vis frappant son cœur broyé;
Je l'imitai, ma foi grave et soumise
S'humilia, puis longtemps a prié;
Nos voix, alors, parlant au même père
Se confondaient en un même soupir;

Nous étions deux, un poète, une mère...
Aimé de tous, l'ami ne peut mourir.

En la prière aussi j'ai confiance,
Elle a monté plus haut que le saint lieu;
Qu'on se souvienne au ciel de notre enfance
Quand, tout petits, nous allions bénir Dieu!
J'ai tout donné, promesses et louanges,
A ce Dieu bon qui ne peut nous faillir;
Je crois, enfin, avoir touché les anges...
Aimé de tous, l'ami doit-il mourir!

Je crois qu'ils ont découvert dans mon âme
Quelque parfum, secret et pur encens;
Ils ont pleuré quand j'ai nommé sa femme,
Quand j'ai parlé de ses pauvres enfants;
Pour Dieu ce fut un hommage sublime :
Soupirs, parfums montaient pour le fléchir;
Un lit de fleurs recouvrira l'abîme...
Aimé de tous, l'ami doit-il mourir?

Non! — Nous ferons encore un doux échange
De ses refrains avec mes chants pieux;
Pour moi, du ciel viendra quelque bel ange,
Pour lui Zéphyr volera plus joyeux.
Mais l'ange, hélas! vient de franchir l'espace
Et moi souffrant je dois toujours gémir,
Car l'ange a dit en se voilant la face :
Aimé de tous, l'ami vient de mourir.

LE JOUR DES MORTS.

> Mais j'entends tinter le beffroi.
> (Millevoie.)

Sur ma demeure,
Bien tristement,
Gémit et pleure
Le tintement.

Toi qui sonnas à mon baptême,
Pour mon père, un accent joyeux,
Pour celle à qui j'ai dit : Je t'aime,
Plus tard un chant délicieux ;

Maintenant dolente et plaintive,
Le bruit de tes tristes accords
Vers Dieu plus lentement arrive;
C'est qu'aujourd'hui c'est pour les morts!

Oui, j'aime ta voix grave et sainte :
Comme nous tu sembles gémir;
Vers le Ciel portant notre plainte,
Ta voix est celle du soupir!
Tinte et que l'Aquilon lui porte
Le triste chant de tant de pleurs;
Notre voix n'est pas assez forte
Pour lui répéter nos douleurs.

Il fait froid et la feuille tombe,
De débris les bois sont jonchés,
Et déjà sur plus d'une tombe
Nos fronts tristes se sont penchés;

Oui, tes accents sont pleins de charmes
Pour le cœur souffrant et navré ;
A chacun aujourd'hui ses larmes !
Mais, plus qu'eux tous, moi j'ai pleuré.

Ici ma mère ! Ici mon père !
Puis l'aïeule auprès de l'aïeul !
Plus loin, l'ami qui fut mon frère !
Partout je retrouve le deuil !
Des morts parcourant la vallée
Hélas ! je ne puis faire un pas
Sans gémir sur un mausolée...
Mon Dieu ! mon Dieu, n'achève pas !

Mon Dieu ! mon Dieu, quelle souffrance !
Faut-il donc voir, autour de soi,
Tomber la vieillesse et l'enfance
Sous une impitoyable loi ?
Ah ! tu devais, dans ta justice,
Garder, en mes jours de malheur,

Pour un autre un si long supplice,
Ou ne pas me donner mon cœur !

Tu peux la prendre cette vie
Que je ne te demandais pas ;
Rappelle mon âme meurtrie,
Qu'ai-je donc à faire ici-bas ?
Mon Dieu, soulève enfin le voile
Et que tous mes maux soient finis.
Laisse-moi monter vers l'étoile
Où tu les as tous réunis !

Mon Dieu, je dois t'aimer et croire,
Je dois me soumettre et prier ;
Pour bien célébrer leur mémoire
Il faut gémir et non crier ;
Pourtant quand ta bonté leur brille
Et quand je les pleure au saint lieu,
Fais-moi là-haut une famille,
Ou bien tu ne serais pas Dieu.

Sur ma demeure,

Bien tristement,

Gémit et pleure

Le tintement.

J'AI FROID.

> La douleur, dans nos temps modernes, au milieu de notre état social si froid et si oppressif, est ce qu'il y a de plus noble dans l'homme, et, de nos jours, qui n'aurait pas pleuré n'aurait jamais ni senti ni pensé.
>
> (Mme DE STAEL.)

L'hiver vient, déjà la vallée,

Comme l'épouse désolée,

Cherche en vain un tendre réveil;

Et les perles de la rosée,

Dont la terre était arrosée,

Ne remontent plus au soleil.

Où donc est l'oiseau qui sommeille?
Où donc la bourdonnante abeille?
Où donc du chalumeau la voix?
Où donc les troupeaux et le pâtre?
Où donc la laitière folâtre
Et la violette des bois?

Soulageons l'orphelin qui pleure
Lui qui, sans pain et sans demeure,
Va se blottir près du saint lieu,
Car la nature est désolée,
Il fait bien froid, et la vallée
Est comme une âme attendant Dieu.

La mienne attend : Dieu qu'elle appelle,
N'as-tu plus de regards pour elle,
N'as-tu plus d'amour pour ses chants?
Où donc est ta douce parole?
Où donc est l'ange qui console?
Voici l'hiver! J'ai froid, j'attends.

J'ai froid!—Dieu m'avait dit : Dans les bras d'une amie,
 Mon pauvre enfant, je te réchaufferai,
 D'un lait bien chaud je te raviverai,
 Et j'ai souri, car j'essayais la vie.
 Mon premier souffle, hélas! fut un soupir !
Enfant! savais-je alors ce que c'est que mourir ?
Quand je cherchais le sein et le lait de l'amie,
Hélas! du pauvre enfant la mère était partie !

J'ai froid ! — On se réchauffe en regardant les cieux ;
Redis, redis, enfant, les chants harmonieux
  D'une poésie immortelle!
Mon fils, je t'enverrai l'ange aux accords touchants;
Hélas! en descendant, l'ange a brisé son aile,
Et la foule a passé sans écouter mes chants.

J'ai froid! — Réchauffe-toi dans les bras d'une femme ;
Confonds, dans un baiser, ton âme avec son âme ;

Mon Dieu, je t'écoutai, n'est-ce point une erreur?
Hélas! à mon chevet une tombe est ouverte...
Un jour, dois-je pleurer sur la couche déserte?
  Grand Dieu, ne brise pas mon cœur!

  Pars la première, o ma pauvre âme;
   Assez de veuvages, de pleurs!
  Va, doux rayon; va, pure flamme;
  On t'appelle auprès de tes sœurs.

  Qu'importe enfin, à la nature,
   Un oiseau de moins dans les bois?
   Que vous importe cette voix
  Du ruisseau qui fuit et murmure?
  Laissez-le donc passer sans bruit;
  Plaignez en hiver Philomèle,
  Et laissez partir l'hirondelle
  Qui va chercher un jour sans nuit.

Lorsque l'horison se colore,

Qu'importe à la nouvelle aurore

La fleur de moins pour la saison?

Qu'importe au pied de la bergère,

Qu'excite une danse légère,

Une tombe sous le gazon?

LE BOUQUET D'ORANGER.

Nous disions tous : La vierge au doux mystère,
Comme sa sœur, a des parfums d'amour ;
Charmes secrets qu'un époux saura taire
Et dont l'hymen doit s'enivrer un jour.
Quelque matin, innocente et promise,
Pour prier Dieu, qui doit la protéger,

Nous la verrons s'avancer vers l'église
Portant au front le bouquet d'oranger !

En ajustant la parure nouvelle,
Sa mère avide, au cher trésor d'enfants,
Sa mère a dit : Viens qu'on te fasse belle,
Mon Élisa, voyez, elle a vingt ans !
Sous les rameaux de cette fleur si chère,
Que ma main seule a le droit d'arranger,
Courbe ta tête, enfant, car je suis fière
D'y déposer le bouquet d'oranger.

Nous marcherons alors vers le saint temple ;
L'orchestre aura pour nous de joyeux sons ;
Qu'en la voyant la foule la contemple !
Que l'amitié prépare ses chansons !
Nous danserons bien tard dans le bocage,
Et quand viendra l'étoile du berger,
L'heureux époux, à l'écart, sous l'ombrage
Voudra ravir le bouquet d'oranger.

LARMES.

Hélas ! hélas ! Le cortége s'avance,
C'est Élisa, mais plus de chants joyeux ;
De sourds sanglots ont rompu le silence,
Un chant lugubre a monté vers les cieux !
En gémissant, ses compagnes timides
Près d'un cercueil accourent se ranger,
Et de leurs yeux quelques perles humides
Viennent tomber au bouquet d'oranger.

Morte à vingt ans ! N'est-il-pas un vain rêve
Ce jour de deuil, de désespoir aussi ?
Dieu qu'on bénit nous devrait quelque trève ;
Qu'avons-nous fait pour nous punir ainsi ?
Morte à vingt ans ! L'amitié qui la pleure
Comprend vos maux et sait les partager,
Et pour orner sa dernière demeure
Vous garde aussi son bouquet d'oranger.

A TOI.

> A qui j'ai dit : Toujours! et qui m'a dit : Partout!
> (Victor Hugo.)

A toi, toujours à toi, car ton âme est mon âme!
A toi, toujours à toi! De sa pudique flamme
Ton cœur, à dix-sept ans, seul embrasa le mien;
Aux délices du soir c'est lui qui me convie;
A toi, toujours à toi, car ta vie est ma vie
Et de tout ton amour tu m'as donné le bien.

Mais qu'un indigne aveu ne souille pas ma bouche ;
Une femme peut plaire aussi sans qu'elle touche.
J'en connais, fleurs d'un jour, qui parlent de bonheur ;
Si parfois je souris à leur gaîté folâtre,
C'est tout, o ma Fanny, car, sous leur sein d'albâtre,
Qu'on me dise où ma main rencontrerait ton cœur.

La mémoire du cœur n'est jamais oublieuse ;
A toi le premier chant de ma muse rêveuse !
A toi le dernier chant de l'ami qui t'attend !
A toi tout mon amour, mes rêves, mes caresses,
A toi tous mes chagrins, mes projets, mes faiblesses,
Puisqu'enfin j'ai trouvé la femme qui comprend.

Oui ! Mais nous partirons, ma compagne fidèle ;
Quand le plomb assassin a déchiré son aile,
Cherchant un ciel plus pur, l'air et la liberté,
L'oiseau meurtri s'en va sur un autre rivage
Où des chasseurs moins durs respectent, sur la plage,
   Le cygne ensanglanté.

FUIT ILLA BENEDICTA.

> Je suis un homme qui souffre plus
> de mal que je n'en ai fait.
> (SHAKESPEARE.)

Dans ce monde pétri de fange,
Toi, mon amour et mon seul bien,
Reste toujours, o mon bel ange,
Demeure, o cher ange gardien!

Toi qui reçus, enfant, ma caresse innocente,
Fanny! voilà douze ans, agitée et tremblante,
Pour accomplir enfin notre secret serment,
T'appuyant sur mon bras, aux degrés de l'église,
Où Dieu nous attendait, dans notre foi promise,
Nous arrivions, la nuit, comme furtivement.

C'est que je t'épousais, fille alors sans fortune,
La vertu maintenant, tu sais, n'en est plus une ;
Et j'évitais les traits de ce monde moqueur.
Oh! ce fut mal à moi! Toi mon bien, toi ma vie,
J'aurais dû te montrer rayonnante, ravie,
Et répondre à ces mots : — Qu'épouse-t-il ? — Un cœur.

Aux orgues l'on se tut ; le pasteur, à voix basse,
Prononça les saints mots d'espérance et de grâce
Que ta patronne, au ciel, un jour répétera ;
Et quand nous repassions dans la nef la plus sombre,
Quelques pauvres honteux disaient, blottis dans l'ombre :
Ce sont deux chers enfants et Dieu les bénira !

> Oui, Dieu m'a béni, ma chère âme,
> Près de moi quand il mit la femme,
> L'épouse au sourire enfantin
> Qui, le soir, dans ses bras me presse,
> M'endort dans sa douce caresse,
> M'éveille au baiser du matin ;

LARMES.

Qui ne quitte pas la demeure,
Pleure à l'écart lorsque je pleure,
Rit avec moi lorsque je ris ;
Qui, tremblante lorsque je gronde
Contre les ingrats de ce monde,
Sait m'arrêter quand je maudis ;

Qui, dans ma périlleuse route,
Lorsque vient se dresser le doute,
Cruel ennemi de la foi,
De Dieu réchauffant la mémoire,
Me dit : Pourrais-tu ne pas croire
Quand le ciel est si près de toi ?

Qui, lorsque vient ma nuit de fièvre,
Inclinée, épie à ma lèvre
Un chant poétique et tremblant,
Et dont la chevelure blonde
Près de moi déroule son onde
Où se baigne mon front brûlant.

Femme qui plaint ma destinée
Quand une critique acharnée
M'étreint, m'accable et me poursuit,
Comme l'on voit l'impur reptile
Éteindre, en sa bave stérile,
L'insecte brillant dans la nuit.

Ah! malheur, au sortir de l'aire,
Lorsqu'ils veulent quitter la terre,
Malheur aux trop faibles aiglons !
Car les braconniers sont fidèles,
Et le plomb siffle dans leurs ailes
Comme sur nos toits les grêlons.

Oui, Dieu la bénissait ma constante pensée,
Femme qui, tout enfant, étais ma fiancée,
Quand, bravant leurs avis et leurs conseils peureux,
A ceux que la fortune a cloués sur la roue,
Qui ramassent de l'or si souvent dans la boue,
Je disais : Mes très chers, je suis riche pour deux.

Mais faut-il donc venir réveiller dans ton âme
Un souvenir qui peut t'inquiéter, o femme?
Non, tu n'étais pas pauvre, et moi je le savais;
A ces chants imparfaits il faut que tu pardonnes,
C'est moi qui reçois tout, c'est toujours toi qui donnes,
Dès ton premier baiser déjà tu le prouvais.

Sur mon cœur reste donc, o fleur mystérieuse
Que l'amour entr'ouvrit sous sa brise amoureuse.
Fraîcheur, parfum, trésor, oui, tu m'as tout donné!
Dans la coupe de fiel tu versas l'ambroisie,
A tes pieds j'ai rêvé la sainte poésie,
L'avenir à mes chants et ton nom couronné.

    Dans ce monde pétri de fange,
    Toi, mon amour et mon seul bien,
    Reste toujours, o mon bel ange,
    Demeure, o cher ange gardien! —

— Je t'aime comme on dit que l'on aime par l'âme,
Mais pour le répéter je ne suis qu'une femme;
Ma voix en des chants purs ne peut le proclamer;
Tu sais peindre l'amour, moi je ne sais qu'aimer.
T'aimer, toujours t'aimer, fière de tes louanges,
Dussent, auprès d'un trône, en murmurer les anges,
Et, jaloux, me montrer, du ciel, au roi des rois,
Quand je te vois, ami, c'est mon Dieu que je vois.
Que te dirais-je enfin? Toujours, toujours je t'aime;
Sur ma bouche, à seize ans, ce mot vint de lui-même;
A toujours! à toi seul! Aime-moi, trompe-moi,
Heureux ou malheureux, cette vie est à toi;
Si tu me bannissais, je m'en irais soumise,
Si tu me rappelais, je reviendrais éprise;
Riant dans ton sourire ou pleurant dans tes pleurs,
Sur ton lit tourmenté je jetterai des fleurs,
Des fleurs fraîches encore et toujours les plus belles;
A force de t'aimer tu les croiras nouvelles;
Si l'amour se réveille et revient t'embraser,
Cette vie est à toi dans un tendre baiser;

Quand je te vois pensif, je te plains comme un frère,
Quand je te vois souffrir, mon fils, je suis ta mère ;
A la vie, à la mort, et toujours, et partout,
A toi seul tout mon cœur, car enfin toi, c'est tout !
Partout je te suivrai ; si ta vie incertaine
Va chercher le bonheur à la plage lointaine,
Je ne demande pas si j'aurai du soleil,
Pourvu que je te trouve encore à mon réveil ;
Pour toi je quitterai tout, jusqu'à mon vieux père,
Ma sœur encore enfant, la tombe de ma mère,
La prière du soir que l'on dit au saint lieu,
La chapelle où j'allais, petite, prier Dieu ;
Tu le comprends enfin ! oui, je t'aime par l'âme ;
Pour toi j'ai résumé tout l'amour de la femme,
Sœur, mère, épouse, esclave, à toi ma vie enfin !
Mais d'un pareil amour Dieu seul connaît la fin.
Un sourire du ciel n'est souvent qu'un vain songe ;
Ce cœur qui t'aime tant, un mal secret le ronge ;
Je mourrai jeune, ami, ce ciel ne permet pas
Qu'on trouve impunément le bonheur ici-bas.

De ce monde pétri de fange,
O toi, mon amour et mon bien,
Tu verras partir ton bon ange,
Hélas! ton seul ange gardien! —

Cette prédiction fut d'abord un vain rêve.
J'ai bien assez souffert, il me faut une trêve;
Que le malheur éprouve un nouveau combattant!
Pour moi, je suis usé, Dieu doit être content.
Doit-il enfin frapper le front dans la poussière?
Si, comme je l'ai dit, pleurer c'est la prière,
Quel homme au monde enfin a plus longtemps prié?
Devant Dieu qui s'est donc autant humilié?
Et ce secret chagrin, qu'on ne dit à personne,
Que depuis si longtemps je garde, j'emprisonne,
Quand par lui j'ai pleuré, quand j'ai toujours béni,
Quand, pour me consoler, Dieu m'envoya Fanny;
Je pourrais suspecter enfin son indulgence!
Ciel qu'on nomme vengeur, pourquoi cette vengeance

Sur moi si mutilé, si souffrant ici-bas ?
Un dernier coup enfin!... Dieu ne le voudrait pas !—

— Dieu seul connaît le fond des choses ;
Souvent il prodigue ses roses
Sur l'homme impur qui l'offensa ;
Parfois, sur un front en ruines,
Il a sa couronne d'épines
Pour l'homme pur qui l'encensa.

Mais ses ordres sont un mystère,
Tu dois obéir et te taire ;
Dieu ne donne rien au hasard ;
Pour les méchants que tu vois vivre,
Dans son inexorable livre
Il a tracé deux mots : Plus tard !

A toi que le malheur torture,
Faible atome de la nature,

Dieu doit-il demander conseil?
Tu n'es pas même un grain de poudre,
Et tu veux deviner la foudre
Ou contrarier le soleil !

Mon cher fils, ce soleil éclaire
Voile blanc, voile funéraire,
Plaisirs, tourments, joie et douleur ;
Voiles blancs ou linceuls funèbres,
Autour de toi tout est ténèbres,
Rien n'est certain que le malheur !

Lorsque l'enfant à la mamelle
Reçoit une atteinte cruelle,
Il tombe et ne blasphème pas ;
Le vil roseau sous la tempête
Docilement courbe la tête ;
Enfant, roseau, ployez plus bas !

Ami, me dit enfin le prêtre,
Dieu devra t'éprouver peut-être ;
S'il te réserve un dernier coup
Et, sous les plis de ton cilice,
Si pénètre un dernier supplice,
C'est que ce Dieu t'aime beaucoup.

Souffre, pleure et fais mieux encore,
Fais le bien, ainsi l'on adore
Celui qui d'en haut sait bénir ;
Fais le bien, mais non pour les hommes,
Ami, dans ce siècle où nous sommes,
Rien d'en bas ne peut te venir.

Du pasteur inspiré la voix grave et sonore
Dans ce cœur contristé vibre et murmure encore,
Car cette grande voix venait je ne sais d'où ;
Il m'aborda tranquille et m'abandonna fou ;
Et je devins ingrat : Il se trompe, me dis-je,
Il croit parler de Dieu, mais il a le vertige ;

Pourquoi vient-il ainsi me troubler aujourd'hui?
Ce prêtre n'est qu'un homme et Dieu vaut mieux que lui.
Pour sauver cette femme adorée entre toutes
Je puis tenter enfin ces invisibles routes
Que peut-être on ignore aussi dans le saint lieu,
Je veux régler tout seul mes comptes avec Dieu.

Mais le mal empirait; les roses de sa bouche,
Ce sourire divin qui nous flatte et nous touche,
Ces yeux bleus pur miroir de l'azur d'un beau ciel,
Ce front harmonieux que rêva Raphaël,
Tout se décolorait; un insecte invisible
Rongeait de cette fleur la tige trop flexible,
Elle ployait, hélas! sous d'amères douleurs,
Mais jamais dans ses yeux je n'ai surpris de pleurs;
Et pourtant à mourir elle était condamnée!
Mais forte par le cœur, souffrante, résignée;
Elle cachait ses maux et ne parlait de rien;
Parfois elle disait : Je me sens toujours bien,

Ami! Comment veux-tu que jamais la mort vienne?
Approche-toi.., plus près.., et sa main dans la mienne
De tous nos longs projets elle parlait tout bas ;
Et moi j'appelais Dieu, mais Dieu ne venait pas !

— Mon ami, je le veux ; va revoir le village
Où ton amour pour moi, qui ne fut pas volage,
Se déclara, j'avais tout près de dix-sept ans,
Sans doute il t'en souvient, voilà déjà longtemps.
C'était un jour de fête et m'en suis souvenue,
Tu sais, c'était à droite, au bout de l'avenue ;
Sur l'arbre que le temps a toujours vénéré
Tu verras une croix sous un chiffre sacré ;
Ce chiffre, cette croix doivent rester de même
Jusqu'alors respectés comme l'amour qui t'aime ;
C'était un soir d'été, ma main les enlaça,
L'amitié me grondait mais l'amour les traça ;
Puisqu'un mal passager me retient et m'enchaîne,
Va voir si l'on n'a pas abattu le vieux chêne ;

A lui prends une feuille, et plus bas des bluets,
Va vite et puis reviens, j'aime tant tes bouquets!

Je m'en allais tout seul courant dans la campagne,
Éperdu, me roulant au pied de la montagne,
En suppliant le ciel et me tordant les bras,
Ma douleur était grande et Dieu ne venait pas!

Ma poésie, oh! non, jamais ne pourra rendre
Ce que je lui disais de cruel et de tendre;
Mon cœur avait brisé son étroite prison
Et je crus, un moment, qu'élevant ma raison
Dans ma chaude prière — et ce mot m'épouvante —
Le ciel de Lamartine et tout l'enfer de Dante
Avaient parlé soudain par ce cœur suffoquant.
Oh oui! l'homme qui pleure est toujours éloquent!
Mais faible est sa parole, aux jours de ses alarmes,
Lorsque Dieu n'en veut plus et dédaigne ses larmes,
Quand sa bonté s'épuise et se détourne, hélas!
J'avais beau crier : Viens! Ce Dieu ne venait pas!

Et ce n'était pas tout ; ô comble du martyre !
Auprès d'elle, on disait qu'il me fallait sourire ;
Qu'au calme il fallait bien au moins me résigner ;
Les malades sont prompts toujours à deviner.

Quand je n'étais pas là, sans cesse et tout près d'elle,
Sa douleur s'accroissait plus vive et plus cruelle ;
— Pourquoi donc s'en va-t-il ! Est-il allé bien loin ?
J'étais à peine à moi pour gémir dans un coin ;
Cherchant à ranimer mon débile courage
Lorsque je revenais composant mon visage,
Elle fixait sur moi son regard assuré
Et, bien bas, à sa sœur disait : Il a pleuré.
Et puis, elle exigeait de cette enfant soumise
Qu'on me tût avec soin une dernière crise ;
Elle me souriait et disait : Je vais mieux ;
Je lui donnais ma main et détournais les yeux.

Voulant qu'on respectât mes douleurs endormies,
La nuit je la laissais à quelques mains amies,

Car elle me grondait pour prendre du sommeil;
— Tu reviendras demain, au baiser du réveil,
Je le veux. — Je cédais, mais dans la nuit terrible
Me glissant près du seuil, pour eux tous invisible,
J'écoutais, inquiet, les plus graves discours;
Ah! ces nuits-là, grand Dieu, sont pires que les jours!
Pour moi, ce n'était plus qu'une veille agitée,
Le moindre bruit troublait mon âme épouvantée;
Hélas! que faire enfin? Pleurer, gémir, crier!
Dieu ne m'entendrait pas. Eh bien! il faut prier!
Et je m'humiliais, et dans ces nuits si sombres,
De ceux que j'ai perdus je suppliais les ombres,
Je disais, haletant sous un sinistre effroi :
Chères ombres, mon Dieu, mon Dieu, laissez-la-moi!

Hélas! dans le malheur la prière est facile;
On y revient toujours; matelot indocile,
L'homme sous un ciel pur se rit en de vains jeux;
Si sur l'esquif ce ciel apparaît orageux

LARMES.

Et si la foudre gronde, à la fin il écoute;
Il crie, il tend les bras... trop tard! Dieu suit sa route!

Si je m'assoupissais, debout dès le matin,
D'un seul bond je brisais un sommeil incertain;
N'écoutant pas le son planant sur ma demeure,
A sa porte, abattu, j'arrivais avant l'heure;
J'y rencontrais sa sœur toute tremblante, hélas!
Je dois le dire ici, sa sœur ne dormait pas;
Pauvre enfant, aujourd'hui, que le ciel abandonne,
D'une muse ignorée accepte la couronne,
Ici-bas si quelqu'un doit être ton soutien,
Dieu te trouve, Henriette, un cœur tel que le tien!
Un matin, sur le seuil, m'arrêtant au passage,
N'entrez pas, me dit-elle, ou bien ayez courage!
Nous avons bien souffert, nous avons pleuré tous;
Toute la nuit, mon frère, elle a parlé de vous;
Et la sœur, gémissant d'une douleur amère,
Disait : C'est le délire, elle invoque ma mère....

Hors de moi, je courus alors vers le docteur,
Dont l'art persévérant n'a pas durci le cœur,
J'interrogeais des yeux sa figure inquiète,
Il s'inclina pensif et secoua la tête.

J'entrai; soudain, vers moi, se tournant à demi :
— Ah! c'est toi! viens plus près; dis, as-tu bien dormi?
J'ai vu ma mère aussi... Ma mère, où donc est-elle?
A-t-elle été te voir?... Mais non, je me rappelle...
Morte! Ton père aussi!... Mais pourquoi pleures-tu?
Mon arbre, tant aimé, l'aurait-on abattu?...

— Ainsi se réveillait, en partant, la chère âme,
Tout ce que son amour avait de pure flamme;
Le pieux souvenir de ceux qui ne sont plus
Et son fidèle amour, et nos baisers perdus!

— Penche-toi sur mon cœur, que mon bras te soutienne,
Fanny! qu'un tendre mot de ta bouche me vienne?

— Aime toujours ma sœur, et mon vieux père aussi... —
M'agenouillant alors, j'ai répondu : Merci!
Puis, je saisis sa main, hors du lit échappée
Et que secrètement elle tenait crispée;

Il fallut un effort, en cet instant fatal,
Je l'ouvris, et trouvai notre anneau nuptial ;
Alors, vous eussiez vu, fidèles assistantes,
Deux femmes répéter quelques prières lentes,
Ou, parfois, subissant une douleur sans mots
Étouffer près du lit de convulsifs sanglots,
Puis le prêtre, à ses pieds, apportant l'huile sainte,
Forcé de s'interrompre en entendant ma plainte
Car lui, marchant toujours au milieu des malheurs,
N'avait pas rencontré d'aussi rudes douleurs.

Quand ils furent partis, et médecins et prêtre
Son vieux père me dit : Elle vivra peut-être.
Il avait le transport ; il ne comprenait pas
Que son enfant touchait à l'heure du trépas.
Il disait qu'il avait vu plus d'une bataille,
Ses amis écharpés tomber sous la mitraille,
Mais qu'ici la douleur le broyait jusqu'aux os !
Lorsqu'elle faiblissait : Sans doute le repos

Va, disait-il, calmer sa douleur infinie;
Le repos!... éternel!... Oui, c'était l'agonie!
Lorsqu'il comprit, enfin, le terrible moment,
Il essuya ses yeux, et parlant dignement :
Sortez! c'est trop pour vous; allez; J'irai vous dire
Si ma fille est sauvée ou si le mal empire;
O second père à moi, que ton nom soit béni,
Mais tu m'as brisé l'âme en disant : C'est fini!

Maintenant, je le sens, il faut que je m'arrête;
La douleur abat l'homme et dompte le poète;
Je vois se rétrécir mon trop faible horizon,
Et si j'allais plus loin j'en perdrais la raison;
Tout ceci de l'enfer est peut-être un mensonge,
J'ai besoin de penser que c'est un cruel songe,
Que je n'ai pas ouï quelques coups d'un marteau,
Que mes yeux n'ont pas vu s'engloutir un tombeau;
Et puis-je croire encore, à moins que je succombe,
Qu'un ordre impérieux me fit quitter sa tombe,

Et qu'enfin du malheur l'effroyable linceul
M'enveloppe à présent dans ce Paris... tout seul!

O mon Dieu! J'ai relu les Saintes Écritures,
De ton fils bien-aimé j'ai compris les tortures;
Je suis chrétien enfin, tu sais bien que je crois
Ce qu'il a dû souffrir sur l'arbre de la croix;
Mais quand on lui donna le soufflet et l'injure,
Lorsque parmi les siens il trouva le parjure,
Lorsqu'au milieu des cris de sa vive douleur,
Un lâche, le dernier, vint lui percer le cœur,
Lorsque, portant au front sa saignante couronne,
En mourant, il disait : O mon père, pardonne!
Il était dieu, ton fils, tu l'aidas à souffrir,
Puis sa mère était là prête à l'ensevelir!

————

Pourquoi douter de tout? o ma cité chérie,
Oui, je te reverrai, toi, ma seule patrie;

De loin, comme de près, je suis toujours à toi,
Car sur ce saint tombeau tu pleures avec moi ;
Je t'aimai dès ce jour où, venant tout entière,
Sur ce cercueil sacré tu versas ta prière ;
Merci ! Soutiens mes chants et mes accents pieux,
Si cet encens ne peut arriver jusqu'aux cieux,
Conserve au moins toujours, o ma cité fidèle,
Une fleur à sa tombe et ma place auprès d'elle !

De ce monde, où tout n'est pas fange,
Toi, mon amour et mon seul bien,
Tu t'es envolé, mon bel ange ;
Au revoir, bon ange gardien !

A UNE MARIÉE,

EN LUI ENVOYANT UNE PENDULE.

Marie, accepte et place en ta demeure
Cette pendule aux chétifs ornements :
Viendra minuit, et puis après une heure,
Cette nuit-là, c'est celle des amants.
Fermons les yeux sur ce tendre mystère,
Laissons l'hymen t'enlever tes atours ;
Soyez heureux, tout passe sur la terre !
L'aiguille, hélas ! marche, marche toujours !

Le temps va vite, et dans un an, peut-être,
—Hélas ! un an, c'est parler de demain —

On te verra, joyeuse, à ta fenêtre,
Bercer un fils nouveau-né, sur ton sein;
Moi, bénissant le saint nœud qui vous lie,
De mon destin j'accomplirai le cours;
Vivrai-je aussi? je n'en sais rien, Marie;
L'aiguille, hélas! marche, marche toujours!

Mais, j'ai l'espoir, en ta chanson naïve,
Peut-être un jour, mon nom se mêlera,
Et, faible écho, ma romance plaintive,
A ton chevet peut-être arrivera.
Son chant est pur, mais sa plainte est amère.
Au cœur souffrant nul n'a prêté secours,
A ton enfant que Dieu garde sa mère...
L'aiguille, hélas! marche, marche toujours!

J'étais venu tout joyeux dans ce monde,
La mère à moi m'avait nommé Chéri;
Elle baisait, dit-on, ma tête blonde,
J'en ai pleuré longtemps, et l'on a ri.

LARMES.

Que sont encore, on ne peut les comprendre,
De ce rêveur les larmoyants discours?
J'ai répondu : Dieu seul peut les entendre...
L'aiguille, hélas! marche, marche toujours.

Oui, j'ai pleuré! Dieu l'a voulu sans doute,
Pour me punir d'avoir su trop aimer;
Il m'a ravi l'autre ange de ma route,
Que rien en bas ne peut plus animer.
Pour me conduire aux voûtes éternelles,
Tout ébloui des célestes amours,
Anges aimés, développez vos ailes...
Trop lente aiguille, allons, marche toujours!

LE PÈLERINAGE.

> J'ai aussi ma mie Jacqueline encore vivante.
> (J.-J. Rousseau, *Confessions*.)

Je viens de terminer un saint pèlerinage,
J'ai revu le pays qui couvrit mon jeune âge,
Où l'amitié me garde un touchant souvenir ;
Pour toute parenté, j'ai trouvé la servante,
Qui de m'avoir bercé vingt fois le jour se vante ;
Pauvre vieille, disant à tous : Il va venir !

Ah! vous voilà! c'est vous! — Et sur ma main tremblante
Elle laissa tomber une larme brûlante...
— Presque aveugle, pour vous je pleure tous les jours.
— Merci! mais dis-moi *tu*, je le veux, je l'espère ;
N'as-tu donc pas fermé les yeux de notre père?
Nous devons tous t'aimer, Dieu pense à tes vieux jours.

Porte sur deux tombeaux cette double couronne,
Fleurs qu'on vend à Paris, qu'ici l'amitié donne ;
Mais, là-bas, ne va pas les placer au hasard ;
Celle-ci pour mon père et l'autre à ma compagne.
— Tu ne viendras donc pas sous la triste montagne,
Si nous allions nous deux?... — Pas encore... plus tard.

Je visitai tout seul la maison paternelle,
Saint asile où germait l'amitié fraternelle,
Hélas! quand l'arbre est mort, languissent les rameaux!
Je n'y reviendrai plus, à présent qu'y ferais-je ?
Pauvre toit délaissé, que le ciel te protége!
Je crois que c'est assez ici de deux tombeaux !

Puis, j'ai voulu revoir, au sommet de la crête,

Ce jardinet modeste, où le passant s'arrête,

Car mon père y vécut pour nous trente ans aussi ;

J'y croyais voir courir deux sœurs en robes blanches,

Pour un fruit, comme moi, brisant parfois les branches ;

On grondait doucement... Hélas! plus rien ici!

Ce jardin, maintenant enseveli sous l'herbe,

Je l'avais arrangé coquet, pimpant, superbe ;

Il n'a plus à présent l'onde qu'il attendait,

L'on n'y voit plus, hélas! sur quelques fleurs nouvelles

La rosée, au matin, poser les étincelles

De ces seuls diamants que ma compagne aimait.

PRIÈRE DU SOIR.

> Toi, celle que j'aimais, je t'aime et je t'implore ;
> Ombre qui m'as coûté tant de vœux superflus.
> Rappelle-moi bientôt, que puis-je faire encore
> Sur cette terre où tu n'es plus ?
> (GUIRAUD.)

> Je la prendrai, ma lyre ! Au sein de la nuit sombre,
> Longtemps seul, appelant devant moi la douce ombre
> Disparue au matin comme un parfum d'été,
> J'essaierai de mêler, dans mes notes plaintives,
> Les fleurs aux crêpes noirs, les heures fugitives
> A l'immobile éternité.
> (BRUGNOT.)

Fanny ! je pense à toi dans ma nuit solitaire ;

Que fais-tu loin de moi souffrant sur cette terre ?

Est-ce que les accents de quelque Séraphin,

Pour la première fois, te rendraient oublieuse ?

N'as-tu plus rien pour moi dans cette nuit fiévreuse,

Où mon amour, pour toi, n'aura jamais de fin ?

Est-ce que, franchissant l'éternelle barrière,
On ne peut plus jeter un regard en arrière?
Je sais bien que le ciel, enfin, vaut mieux que moi ;
Mais, un soir, ne peux-tu t'abattre sur ma couche,
Où, depuis ton départ, jamais une autre bouche
N'a dit, en me baisant : A demain, bonsoir, toi !

Viens donc ! nous causerons de nos rêves d'enfance,
Alors que je mettais en toi mon espérance,
Ignorant que l'amour pût creuser un tombeau ;
Alors que, t'adressant ma première louange,
A tous, à toi, partout je disais : C'est un ange !
Un ange ! tu le sais, Fanny, c'est donc bien beau !

Viens donc ! as-tu toujours ton céleste sourire,
Et ce timbre de voix si gracieux à dire,
Qu'on croyait voir tomber des perles d'Orient,
Ta figure divine, indicible harmonie,
Ta bouche qui jamais n'a su la calomnie,
Et cet abord heureux, au pauvre souriant?

Viens donc! as-tu toujours ta chevelure blonde,

Où se baignait parfois, comme dans la tiède onde,

Mon front qui frémissait sous ton souffle embaumé,

Et ce regard plongeant qui me venait à l'âme,

Et ce brûlant baiser qui ranimait sa flamme,

Quand sommeillait parfois l'amour accoutumé?

Viens donc, Fanny! viens donc, puis après que je meure!

Tu trouverais encore, en ma triste demeure,

D'un bouquet d'oranger quelques légers fleurons,

Puis quelques blonds cheveux, quelques fleurs comprimées;

Deux portraits, toi, ma mère, à toujours bien-aimées!

Fanny! fais-moi donc ange, et puis nous partirons.

Sais-tu? j'ai conservé ton collier de topaze,

Puis ton écharpe blanche et ton voile de gaze,

Et le dernier tapis travaillé par ta main;

Ah! quand tu finissais ce précieux ouvrage,

Tu souffrais donc beaucoup pour dire: Soyez sage!

Tu souffrais donc beaucoup pour me dire: A demain!

Ce demain, le voilà! bien long, impitoyable!
Le passé, regretté! le présent, misérable!
L'avenir... mourir vieux et dans l'isolement;
Chercher à mon chevet, quand il deviendra sombre,
Une main fraternelle, et puis rien... pas une ombre!
Je t'ai donc offensé, mon Dieu, cruellement!

Il se peut que mes vers, qui soupirent sans cesse,
Arrivent jusqu'à vous, compagnons de jeunesse,
Et que vous me traitiez de rêveur larmoyant;
On se rit quelquefois de bien de saintes choses!
Puissiez-vous ne pas voir vos couronnes de roses
Se flétrir tout à coup sous un fer flamboyant!

Ah! lorsque vous vantiez d'illégitimes flammes—
— Car vous en avez vu voltiger bien des femmes,
Dans le bal, dans le bois, sur la cime, au vallon;
Ardents chasseurs, alors, vous saisissiez la proie;
Alors le lendemain, avec un cri de joie,
Nous disions au matin: Encore un papillon!—

Lorsque vous vous vantiez, enfin, je dus me taire.
A l'écart je cherchais la vierge au doux mystère ;
Puis, un soir, je fixai mes pas irrésolus ;
C'est que j'avais trouvé l'aliment de mon âme,
C'était elle, Fanny, la digne et sainte femme
Que cette voix appelle alors qu'elle n'est plus !

Amis, n'insultez pas à ce grave supplice !
Courez, toujours joyeux, une joyeuse lice ;
Oubliez que j'y vins folâtrer un matin.
Si vous veniez me voir, ah ! vous ririez encore
De pitié... Mon soleil retombe et se dédore :
Ah ! que l'homme est petit sous les coups du destin !

Le cri de ma douleur au loin s'est fait entendre :
Un front qui fut riant s'est courbé dans la cendre ;
Ici-bas rien ne manque à mon grave malheur :
Un cœur aimant toujours doit s'attendre à la haine ;
Hélas ! j'en ai connu qui, dans ma lourde peine,
Au doute livrant tout, ont suspecté mon cœur !

Heureux les passagers, au soleil, quand il brille,
Qui rompent, sur la nef, un pain noir en famille,
Qui, si l'onde est mauvaise acceptent l'aviron !
A sa rencontre, au soir, ployant sous la ramée,
Heureux, s'il voit venir une famille aimée,
Oh! mille fois heureux le simple bûcheron !

Ou, quand la caravane, au désert, haletante,
Trouve à peine le temps de déployer sa tente,
Oh! mille fois heureux, heureux le chamelier,
Qui songe à son ami quand la soif est cruelle,
Qui, sans se quereller, partage l'eau nouvelle,
Et ne dispute pas l'ombre sous le palmier !

Rien pour moi! l'abandon, pire que la misère,
N'a pas même permis qu'ici-bas j'eusse un frère ;
A ma naissance, à peine une mère a souri ;
Sur mon berceau brisé la nourrice étrangère
A jeté ces vains mots d'amitié passagère :
Il est blond et riant, appelons-le Chéri !

Oui, je le fus chéri par une sainte femme!
Le reste... c'est pour moi le secret de mon âme;
Qu'à ceux qui m'ont blessé Dieu fasse d'heureux jours!
Toi, Fanny, par pitié, soulève un coin du voile,
D'en haut laisse tomber le nom de cette étoile
Où tu gardes pour nous d'éternelles amours!

MON OISEAU BLEU.

Le colibri, perle que rien n'égale,
Dans ses reflets n'a presque pas d'azur;
Vous, oiseau bleu, le rubis et l'opale
Ont enrichi votre manteau si pur;
Vous avez fait une course lointaine,
Petit ami, pour venir jusqu'à nous;
Mais pensez-vous aux fleurs de votre plaine?
Mon oiseau bleu, que me demandez-vous?

Pour alléger un pénible voyage,
Jusqu'à Paris je courus vous chercher;

Puis, au retour, soudain j'ouvris la cage
Et sur son doigt vous vîntes vous percher.
Trop familier dans vos chansons nouvelles,
De vos baisers je fus un peu jaloux ;
Vous compreniez, car vous battiez des ailes...
Mon oiseau bleu, que lui demandiez-vous?

Petit frileux et pourtant téméraire,
Dans son corset vous alliez vous cacher ;
Gentil oiseau, saurez-vous bien vous taire ?
Ne disons pas ce qu'on allait chercher.
Vous trouviez donc là de bien douces choses ?
Vous fallait-il les parfums les plus doux ?
Pour vous blottir vous fallait-il des roses?
Mon oiseau bleu, que lui demandiez-vous ?

Un jour, volant jusque sur notre couche
En gazouillant la chanson du matin,
Vous sépariez sa bouche de ma bouche,
Petit ami, de votre bec lutin.

Insouciant de l'éternel mystère,
Vous ignorez qu'il faut nous plaindre tous;
Femmes, oiseaux, tout passe sur la terre...
Mon oiseau bleu, que nous demandiez-vous?

Pour vous suspendre à l'étroite fenêtre,
Oiseau chéri, vous espérez qu'un jour
Votre maîtresse arrivera peut-être :
Caressez bien ce doux rêve d'amour!
Tout près d'ici quand vous croyez l'entendre,
Pour moi, de grâce, ayez un chant moins doux,
Car je sais bien qu'on ne peut plus l'attendre...
Mon oiseau bleu, que me demandez-vous?

LES VIOLETTES.

Petite fleur, améthyste modeste,
Léger saphir à savoureuse odeur,
En qui je rêve et le ciel et le reste,
Tu refleuris, o la fleur de mon cœur.
Ainsi que toi, sa vie était obscure;
Loin du soleil, un jour, Fanny brilla;
Près d'un ruisseau qui s'enfuit et murmure,
L'on devinait l'une de vous par-là.

Lorsque j'étais près de la bien-aimée,

Bien jeune alors, sur le gazon, le soir,

Je te cueillais, violette embaumée ;

Tu te cachais aux plis de son mouchoir.

Quand je voulais te reprendre, idolâtre,

La chasteté qui toujours se voila

Sut écarter longtemps ma main folâtre,

Si je cherchais l'une de vous par-là.

Trésor secret, parfum de poésie,

La fleur à moi fleurit pendant douze ans,

Toujours, toujours violette chérie ;

Mais qu'ils sont courts, hélas ! douze printemps !

En ces temps-là, quand j'ouvris ma fenêtre,

Des papillons la foule s'envola,

Las de se dire : On la verra peut-être...

Cherchons plus loin l'une de vous par-là.

Et maintenant, fidèle à son voyage,

Le doux printemps va venir parmi nous ;

Que me veut-il dans mon triste veuvage?
O tendres fleurs, pour qui renaissez-vous?
Femmes et fleurs, ici-bas tout succombe;
Douce senteur dans le ciel s'exhala!
Je ne suis pas, hélas! près d'une tombe
Pour lui porter l'une de vous par-là!

Elle a passé! Puis dans un coin de terre
On cherche en vain son parfum précieux;
Renouvelé plus haut avec mystère,
Bien sûr, ce jour, on en causait aux cieux.
Les séraphins sentirent dans leurs ailes
Un doux frisson qui bientôt les troubla...
Ils se disaient, aux plaines éternelles:
Cherchons, cherchons l'une de vous par-là.

Pourtant, au ciel, cache-toi, violette,
Rappelle-toi que tu laissas aussi
Sur cette terre une muse inquiète
Sans ton parfum qui ne peut rien ici.

Muse, remonte au beau pays des anges.
Si de leurs chants, ici, ta voix parla,
Là-haut, la brise aura quelques louanges;
Modestes fleurs, vivez vous deux par-là.

L'AMIE.

Tous deux enfants et courant dans la plaine,
Quand nous avions ramassé des bluets,
Tous les bonbons venant de ta marraine
Étaient le prix de mes plus gros bouquets;
Tu m'as donné jusqu'à tes tourterelles,
Ce couple heureux à ta sœur destiné,
Et je disais à tes oiseaux fidèles :
Méchante amie, elle n'a rien donné!

Plus tard, j'obtins aussi de douces choses;
Que de rubans! que de fruits savoureux!
Ta main, pour moi, cueillit jusqu'à des roses
Et me donna la boucle de cheveux.

Bien plus aussi, souvenir que j'adore !
J'obtins l'aveu de ton cœur étonné,
Puis un baiser, et je disais encore :
Méchante amie, elle na rien donné !

Ta mère, alors, devenait plus craintive. —
— Auraient-ils donc pour moi quelque secret ?
Rentrez, enfants, rentrez, la nuit arrive. —
Nous la suivions alors bien à regret.
Elle eût gémi d'un amour indocile,
Et par mon cœur son cœur fut deviné ;
— Rentrons, rentrons, mère, soyez tranquille.
Méchante amie, elle n'a rien donné !

J'obtins enfin ce portrait, ma chérie,
Qu'on voit encore à mon mur suspendu,
Culte secret et seule idolâtrie
D'un luth mourant sous les pleurs détendu.

De quoi servit l'hymen et son mystère
Au cœur souffrant si vite abandonné,
Quand tu n'es plus, hélas ! sur cette terre,
Ma pauvre amie, où tu m'as tout donné?

APPARITION.

Toujours elles!

> Qu'ai-je à faire plus ici davantage ?
> (Saint Augustin.)

Après tes longs tourments lorsque je vins au monde,
Après avoir baisé ma jeune tête blonde,
    Après m'avoir souri,
On m'a dit que, rêvant quelque douleur amère,
Tu te penchas sur moi, puis que tu dis, ma mère :
    Je le nomme Chéri !

On m'a tout raconté ; l'on m'a dit que, mourante,
Sur ton sein tu guidais ma bouche encore errante ;
  Le pressant de ta main,
Tu disais : Bois encore avant que je périsse,
Et que ton dernier mot était à ma nourrice :
  Qu'il en ait pour demain !

Ainsi donc, sur mon cœur je ne t'ai pas pressée !
Le malheur sur ma lèvre a glacé ma pensée.
  Un père aide à souffrir ;
Mais lorsque l'enfant perd sa seule providence,
Alors, son berceau flotte en un abîme immense ;
  L'enfant devrait mourir.

O mon Dieu, c'est cruel ! Je donnerais ma vie
Pour la voir un seul jour, toute seule, ravie,
  Près de moi, sur mon cœur,
Ou bien moi dans ses bras, tout orgueilleux, lui dire :
J'ai grandi... c'est ton fils... embrasse-moi ! délire !
  Ma mère ! mon bonheur !

Tu restas bien longtemps loin de ton fils qui t'aime,
Ingrate ! Il était donc quelque bonheur suprême
  Pour ton cœur enivré,
Puisque pour toi mes chants à peine avaient des charmes,
Et puisqu'en vain mes vers coulaient avec mes larmes ?
  J'ai si longtemps pleuré !

Sur mon front, toujours pur, pose ta noble bouche !
Oh ! viens, viens sur mon cœur, que ta robe me touche ;
  Cache-moi dans ses plis !
Oui, je te l'avais dit : ma mère, mon idole,
Ton ciel, il ne vaut pas une douce parole
  Et tout l'amour d'un fils.

Et puis, j'ai bien aussi quelque chose à t'apprendre,
Mais ne sois pas jalouse, et si mon cœur fut tendre,
  Le tien peut valoir mieux ;
Écoute : j'ai trouvé sur la terre une femme,
Je puis te la montrer, tu verras si ton âme,
  Vit pareil ange aux cieux !

Puisqu'elle dort, je vais te conter cette histoire,
Mais sans te dire tout; tu ne voudrais pas croire,
    Mère, mes mauvais jours!
Oui, pour la posséder il fallut du courage;
Mais enfin je l'obtins, la fille bonne et sage,
    La vierge des amours!

Ma mère, Dieu voulait protéger ma souffrance;
Dieu toujours bon me vit enlacer, dès l'enfance,
    Votre chiffre béni;
Veux-tu savoir son nom, ineffable mystère?
C'est de la mélodie, écoute-bien, ma mère:
    On l'appelle Fanny!

On dirait qu'on entend la harpe éolienne,
En prononçant ce nom; la brise aérienne
    Le dit au bord du bois;
Ce nom, c'est le soupir que répand Philomèle,
C'est le gazouillement de la jeune hirondelle
    Qui revient sur nos toits.

Mère! ne parle plus des célestes louanges,

Des feux du firmament, du doux concert des anges,

      D'un ciel toujours nouveau ;

Ma mère, tout à l'heure, en entr'ouvrant son voile,

Tu verras, dans ses yeux, briller plus d'une étoile:

      Ton ciel n'est pas si beau,

De Dieu l'on trouve ici la grandeur infinie ;

Mère! son doux parler est toute une harmonie ;

      Des fleurs sont dans ses bras ;

De sa bouche d'amour c'est l'amour qui ruisselle ;

Oui, c'est mon paradis! oh! beaucoup mieux, c'est elle...

      Oh! ne t'envole pas!

Et son cœur! de ceux-là Dieu toujours est avare ;

Elle a tout supporté, tout, ma douleur bizarre

      Quand je fus offensé ;

Elle a prié pour moi quand j'ai crié : Ma mère !

Ce cœur! qu'il était grand, dans sa douleur amère,

      Par des méchants froissé !

Elle dort, comme on dit que dorment les colombes ;

Approchons... rien ! plus rien ! Auprès de moi deux tom[bes]

    Bien sombres, sous mon deuil !

Moi, pour m'envelopper dans la mienne entr'ouverte,

Reste un drap nuptial de la couche déserte,

    Hélas ! triste linceul !

Rêves d'enfant ! vains cris ! illusion ! fantôme !

La tombe ne rend rien ; l'homme n'est qu'un atome

    Au hasard emporté ;

Sa joie ou sa douleur ne sont pas même au monde

Ce qu'est le pli léger que dessine sur l'onde

    Le vaisseau ballotté.

ESPOIR.

Bien souvent je me dis, ma main frappant ma tête :
O rêveur, qu'as-tu fait? Tu te croyais poète,
Tes jours se sont usés en efforts superflus
Pour écrire des vers alors qu'on n'en lit plus;
Dans un travail ingrat tes nuits se sont passées
Pour traduire et livrer au public tes pensées.
Au lieu de te livrer au monde et de t'asseoir
Sur des fauteuils dorés, tu t'enfermais le soir,
Tu creusais, à l'écart, ta douleur solitaire
Et tu parlais de tombe aux hommes sur la terre,

Comme si l'on pensait aux tombeaux ici-bas!
Je le sais, à présent, l'homme ne pleure pas.
O délire fatal! vocation funeste!
Qui ne m'ont rien donné que l'envie et le reste.
Et quant à mes amis, ils se disaient souvent :
Que sont ces rêves creux qu'emportera le vent?
D'autres me croyaient fou :—N'a-t-il donc pas, en somme,
Et tout ce qui fait vivre et rend heureux un homme?
Pourquoi donc suivait-il ce projet si fatal?
Pourquoi donc quittait-il le cher pays natal?
Fantôme! illusion qui troubla son enfance!
Fallait-il tant chercher pour trouver la souffrance!
Ah! que son père était plus sage parmi nous!
Aussi, quand il mourut, nous le regrettions tous.

  Pouvais-je l'imiter, mon père,
  Vertueux et bon citoyen,
  Dont le sort fut toujours prospère
  Quoiqu'il ne faisait que le bien?

Hélas! à chaque instant, je pense,
Sans briguer quelque récompense,
A ce bien qu'il a fait toujours;
Si j'avais osé l'entreprendre.
Les services que je puis rendre
Ne vaudraient pas un de ses jours.

Vertu modeste et bien-aimée,
Vertu que je comprends aussi,
Vertu sans bruit et sans fumée!
A l'œuvre on connut l'homme ici.
Il n'enviait pas la richesse;
Il fut, soulageant leur détresse,
Aimable avec les pauvres gens;
Digne homme aux vertus domestiques,
Il m'a laissé, dans mes reliques,
Les noms de quelques indigents.

Il eût pu jusqu'à la tribune
Venir sans rien se reprocher;

En ces temps-là, gloire et fortune
Toutes deux vinrent le chercher.
A l'une il dit : Passez, superbe,
J'aime la fleur qui vit dans l'herbe,
La gloire n'est pas le bonheur ;
A l'autre il dit : Passez, la belle,
Sous les plis de votre dentelle
Bien rarement se trouve un cœur.

Pouvais-je, moi, plate copie,
Au chemin qu'on croit me frayer,
Perpétuer une œuvre pie
Qu'en vain je voudrais essayer ?
J'accepte ce que Dieu m'envoie,
Ici-bas chacun a sa voie,
J'ai suivi la mienne aujourd'hui ;
Si jamais j'ai rêvé la gloire,
Ce fut pour louer sa mémoire ;
Larmes pour moi, repos pour lui !

Et cette tâche, amis, elle n'est pas futile ;
L'accepter était beau, la remplir difficile ;
Mais ma muse a reçu sur son manteau d'honneur
Le lustre de tous ceux qu'idolâtrait mon cœur ;
Ma mère tout d'abord, nom chéri dans mon âme,
Et mon père après elle, enfin la sainte femme
Qui me fit un bonheur peut-être mérité,
Voilà tous mes amours, ma sainte trinité !
Le reste est vanité qui bruit, passe et tombe,
Le reste ne vaut pas la splendeur de la tombe.

Dites-moi, maintenant, si je me suis trompé,
Dites-moi de quels soins mon cœur s'est occupé !
Ai-je rempli ma tâche ? amis, dans votre veille,
Ranimant quelquefois la lampe qui sommeille,
Si vous lisez mes vers et si, dans mes douleurs,
Je rencontre un écho jusqu'au fond de vos cœurs,
Si la mère en permet la lecture à sa fille,
Sur mes vers en tombant si quelque larme brille,

Qu'elle vienne d'un fils, d'un père, ou d'un époux,
Ne suis-je pas heureux d'arriver jusqu'à vous?
Si vous dites enfin : Bravo, poëte, espère!
Ne suis-je pas, enfin, l'héritier de mon père?

III

MÉLANGES POÉTIQUES.

Les longs ouvrages me font peur.
(La Fontaine.)

CONSOLATION.

MA MUSE.

> Tous les amours ne sont pas envolés.
> (BÉRANGER.)

C'est la fillette agaçante,
Au svelte et léger corset,
Qui, dans les jardins, pimpante,
Parfois dérobe un bouquet ;

Mélancolique, lutine,
Qui souvent pleure ou badine,
Mais toujours de bonne foi ;
Qui parfois, fermant mon code,
Vient me parler d'une mode
Et me dire : « Admirez-moi !

» Que faites-vous d'un gros livre
Où votre cœur se morfond ?
C'est l'esprit seul qui fait vivre ;
Le savoir est trop profond ;
Rejetez donc ce grimoire,
On dit qu'il rend l'âme noire,
Votre cœur n'en est pas là. »
Et la folle, qui gambade,
Certain soir de mascarade
De ma toge s'affubla.

— Vous compromettrez, ma muse,
Quelque jour votre amoureux.

— Que voulez-vous ? je m'amuse ;
Le bonheur veut des heureux.
O magistrat infaillible,
J'adore une loi flexible,
Le pardon, c'est la raison.
— Il eût fallu, pour lui plaire,
Donner à la téméraire
Jusqu'aux clés de la prison.

Un jour, un régiment passe,
Vieux débris tout mutilé ;
Elle aborde sur la place
Les soldats de l'exilé.
Bientôt, vivandière accorte,
Au milieu de la cohorte,
De son baril ballotté
Elle verse des rasades
Et leur dit : Mes camarades,
S'il revient, à sa santé !

Parfois, priante et pieuse,
Revêtant le voile noir,
Comme une religieuse,
Elle m'apparaît le soir.
— Venez, la retraite sonne;
Dieu bénit celui qui donne,
L'aumône porte bonheur;
Là-bas, près d'une chaumière,
J'entendis une prière.
Il fait froid et j'ai bon cœur.

Un soir, le garde-champêtre
Vint chez moi tout ébahi;
En été, loin du vieux hêtre,
Elle avait désobéi.
Car la fragile fillette,
Recherchant parfois l'herbette,
Avait couru dans les blés;
Et, fuyant, la toute belle

Avait laissé son ombrelle
Parmi les épis foulés.

Devant moi, qui, sur la terre,
Devais rester magistrat,
Et, dans ma justice austère,
Me rendre utile à l'État,
Un jour elle osa bien dire,
Des lois dédaignant l'empire,
Toujours prompte à consoler :
Lâchez donc, mes bons gendarmes,
Ces pauvres gens tout en larmes ;
Mendier n'est pas voler.

Une nuit — c'est autre chose —
Sur mon Cujas endormi,
On frappe à ma porte close :
Qui vive ? On répond : Ami.
C'est un proscrit qui s'invite ;
Pour le fêter dans mon gîte,

Ma muse lui tend la main.
—Malheureuse! A ma fenêtre,
Des mouchards sont là peut-être
Qui m'accuseront demain ! —

— De vos discours je me moque;
Laissez-moi mon tambourin;
Vous avez mis votre toque
De travers, mon bon parrain.
Vous voulez, dans votre bouge,
Gagner une robe rouge
Pour figurer au Palais;
Mon galant, soyez poète,
Nous vous ferons une fête
Sous des ombrages plus frais. —

— Vous avez, mademoiselle,
Caché mon code pénal.
—Oui, Béranger vous appelle;
Vive Horace ou Juvénal!

—Oh! la malheureuse fille!
Que pensera ma famille
De tant de songes errants!
— Ils crieront à la paresse;
Mais vous aurez ma tendresse;
Les bons cœurs sont vos parents.

—Fille d'enfer exécrable,
Vous me perdrez, je le dis.
— Mon Dieu, je me ris du diable,
J'arrive du paradis.
Je sais que je suis folâtre,
Mais, au sortir du théâtre,
Je prêche la charité.
— Muse, soufflant ma lanterne,
Vous iriez à la taverne
Si je l'avais accepté.

— Méchant! Qui brava l'envie
Partout au jour de malheur?

Dans l'enfance et dans la vie
Qui berça votre douleur ?
Quand, au cimetière sombre,
Vous alliez compter le nombre
De vos tendres souvenirs,
Pour adoucir vos alarmes,
N'ai-je pas perlé vos larmes,
Rendu pieux vos soupirs ?

N'ai-je pas, moi, l'œil humide,
Mais fredonnant un couplet,
A vous, presque suicide,
Arraché le pistolet ?
De ceux qui devraient vous plaire,
Lorsque l'aveugle colère
Sait frapper jusqu'au tombeau,
N'ai-je pas, moi, consolante,
Pour la blessure saignante
Fait de mon linge un bandeau ?

Lorsqu'a sifflé la couleuvre
Qu'on jeta sous vos habits,
N'ai-je pas, moi, dans votre œuvre
Enchâssé quelques rubis?
De ceux qui ne savent lire
Quand l'impudente satire,
Vous accusant, je sais où,
Ose parler de folie,
N'est-ce pas moi qui m'écrie :
Vingt sots valent-ils ce fou?

Si parfois une amourette
Vous suscite des brocards,
Ne suis-je pas toujours prête
Pour cacher quelques écarts?
Vous aimez de la bergère
La jupe un peu trop légère;
Monsieur, ce n'est pas mon fait;
Dans votre amoureuse flamme,

Fêtez quelque grande dame,
On vous trouvera parfait.

Si s'échappe la fortune
Que vous dédaignez souvent,
Pour vous n'en ai-je pas une
Que n'emporte pas le vent?
Ne vous ai-je pas vu faire
Du bien qu'on n'a pas su taire,
Vous qui détestez le mal?
Si le sort ne vous protége,
Mon ami, n'adoucirai-je
L'oreiller de l'hôpital?

N'ai-je, dans votre veillée,
Où souvent vous soupirez,
Quand votre âme est désolée,
Parlé des cieux azurés?
Oui, pour vous, au cimetière,
Dans ma constante prière,

J'ai promis la croix de bois,
La couronne de pervenches,
Que peut-être des mains blanches
Y suspendront quelquefois.

Ingrat! si jamais d'un autre
J'avais soufflé sur le front,
J'en aurais fait un apôtre,
Et je reçois cet affront!
Ailleurs, j'en aurais eu honte,
Et vite, réglant mon compte,
J'aurais bien su détaler;
Je suis susceptible et preste;
Mais dites ce qu'il vous reste
Sans moi pour vous consoler.

A moi je veux qu'on revienne;
Jadis je sus t'embraser;
Tiens! ma bouche est sur la tienne,
Reconnais-tu ce baiser?

— Oh! la folle, la câline!
Mon front humblement s'incline :
Voilà bien les amoureux!
Oui, sans doute, je m'abuse,
Mais à toi tout, bonne muse,
Reste, nous vivrons nous deux.

Oui, reste, ma fiancée,
Je t'en prie à deux genoux,
Toi que souvent a blessée
L'envie au regard jaloux.
Sur le toit qui me protége,
Quand s'amoncèle la neige,
Réchauffe un poète aimant;
O ma muse, erreur suprême!
Fais-moi croire que l'on aime
Les rêves de ton amant.

PARIS DANS LA RUE.

> Pleine de fleurs et de musique,
> Mais aussi pleine de douleurs.
> (INÉDIT.)

Rêver est doux quand l'âme souffre ;
Aujourd'hui, mon caprice à toi,
Paris, qu'on appelle le gouffre,
Paris qui voulus bien de moi.
Pour toi j'ai fui mon toit tranquille,
Je vins m'abriter dans la ville
Où quelques-uns sont morts de faim,
Où les oiseaux que Dieu t'envoie
A peine trouvent sur la voie,
Dit-on, quelques miettes de pain.

Mais je t'aime, ville à deux faces,
Dont l'une dit : grandeur, vertu,
Dont l'autre n'a que des grimaces
Pour l'homme de bien abattu ;
Grandeur, sublimité, courage,
Laideur, ignominie et rage,
Plaisir, terreur, bonheur, effroi,
Toi qui, dans tes joyeuses fêtes,
Garde souvent quelques tempêtes,
O toi qui défendrais ton roi !

Femme forte qui, de ta bouche
Repoussant un péril commun,
Savais déchirer la cartouche
Contre ces braves dix contre un ;
Qui, le lendemain, oublieuse,
Riante, en tunique soyeuse ;
Salissant notre nom français,
Tressais tes amoureux quadrilles,

Où se livraient de jeunes filles
A l'argent impur des Anglais.

Ville où l'on marchande les femmes,
Le cimetière ou l'hôpital ;
Où tout se vend, hormis les âmes,
Pour Satan immense régal ;
Où presque tous vivent de boue,
Où certains qu'a manqués la roue,
Fripons si l'on en vit jamais,
Filent tranquillement leur course,
Et d'un char tombent à la bourse,
Coupe-gorge et très beau palais ;

Qui fais, en ta rage intestine,
Ou bien dans ta joyeuse humeur,
A Louis une guillotine,
Une colonne à l'empereur ;
Ou qui, furibonde, te rues,
Enlèves le pavé des rues,

Du geste appelles le faubourg,
Et dis à toutes les provinces,
Qui demandent où sont leurs princes :
Voyez du côté de Cherbourg.

Jeune vierge, au bord de la Seine,
Tantôt priant près du saint lieu,
Tantôt, dans ton délire obscène,
Mégère insultant jusqu'à Dieu ;
Pour toi que je déteste encore,
Pour toi que peut-être j'adore,
J'ai quitté mes bosquets chéris ;
Oui, j'abandonnai le vieux hêtre !
Il fallait à mon luth champêtre
Un de tes greniers, mon Paris !

Me voilà donc dans la mansarde,
A l'angle de ton boulevard,
D'où mon œil éperdu regarde
Tes enfants courant au hasard ;

Des milliers de chevaux bruissent
Sur les pavés, qui retentissent
Jusqu'au fond de mon corridor;
L'active baïonnette brille,
Et l'épaulette d'or scintille
Sur nos généraux couverts d'or.

J'aime le flot de cette foule
Dont le tumulte instantané
Renverse un trône qui s'écroule,
Caresse un enfant nouveau-né;
Les cent cloches aux voix splendides,
Et les canons des Invalides
Qui gardent leur Napoléon,
Type qu'on aime et qu'on encense,
Homme qu'on aurait dû, je pense,
Loger tout seul au Panthéon.

A moi tout! L'immense avenue
D'arbres, souvent si mutilés,

Qui montrent, poudreux, à la nue
Leurs fronts comme des exilés ;
Dans cette immense fourmilière,
J'aime la jeune bouquetière,
Fillette au léger tablier ;
J'aime le doux regard de femme
De la riche et très noble dame
Que gêne un trop petit soulier.

Moi, qui n'ai ni fiel ni rancune,
Dont le principe est tout amour,
Pauvre, j'aime aussi la fortune,
Qui souvent ne dure qu'un jour ;
J'aime le soleil qui se joue
En palmes d'or dans chaque roue
Qui reflète un feu tournoyant,
A voir, derrière une berline,
L'homme à plumets qui se dandine,
Bien lustré, luisant et pimpant.

J'aime à voir monter l'amazone
Sur le coursier tout enflammé,
La lorette, en l'omnibus jaune,
Près d'un galant un jour aimé ;
Des espions à la fenêtre,
En province, en riraient peut-être,
Mais à Paris, pas de caquets ;
S'il en est ici, par exemple,
C'est sur le boulevard du Temple,
Je suis fou de ses perroquets.

J'aime l'étincelle puissante
Au canon du Palais-Royal,
Détonation innocente
Qui n'a rien au moins d'infernal ;
Puis, au bout de ces galeries
Qu'illuminent les pierreries,
Véfour, lorsque le riche a faim ;
Ce soir, en longeant sa cuisine,

Je mènerai de ma voisine
L'enfant heureux chez Séraphin.

J'aime, au jardin des Tuileries,
Même en hiver, tout bigarrés,
Ces champs de tulipes fleuries
Qu'étalent tant de décorés;
J'examine la sentinelle,
Faisant sa manœuvre éternelle,
Pour eux se fatiguant le bras;
Au moins mon âme est résignée,
Cette croix, ils l'ont tous gagnée,
Ici je ne les connais pas.

Muse, ne te fais pas méchante,
Ici-bas à chacun son lot;
Puisque le bon Dieu t'a dit : Chante!
Ce n'est pas pour dire ton mot.
Je sais quelqu'un, dans sa toilette
Serrant le ruban que Lisette

Laissa sur un divan brisé;
N'ai-je pas à ma boutonnière
La violette printannière
Qu'on voit sur mon habit usé?

J'aime le brouillard de la rive,
Du batelier le joyeux chant,
Et le grand bateau qui dérive
Au loin sous le soleil couchant;
Et quand la nuit devient plus sombre,
De ces édifices sans nombre
Que l'art en palais transforma,
L'illumination soudaine
Qui, du Temple à la Madeleine,
Éclaire un grand panorama.

J'aime la trompette éclatante
De la malle-poste qui part,
Ou la voiture plus pesante
Rentrant chez Lafitte et Caillard;

Le crieur que rien né fait taire,
Au soir, vendant du ministère
Le journal au bon parisien ;
Tandis que, le bec un peu terne,
D'un Diogène la lanterne
Dans les chiffons cherche son bien.

Le gamin dont la voix répète,
Aux échos livrant son essor,
Du théâtre la chansonnette
Que file si bien Levassor ;
A voir un ci-devant jeune homme,
Quand parfois il n'a pas la somme
Pour aller écouter Arnal,
Lisant une affiche à son aise,
Lorsqu'au dedans la *Marseillaise*
Taquine le municipal.

J'aime, venant de la Courtille,
Avec ses cris et ses jurons,

Le buveur dont la trogne brille
Au feu d'un marchand de marrons ;
Des débardeurs la farandole,
Des étudiants la gaîté folle,
Ohé qui ne finira pas ;
Lorsque d'autres, longeant les bornes,
Traînent un animal à cornes
Toujours choisi chez les plus gras.

Oh ! dans ta boue ou tes trophées,
Mon Paris, pleurant ou riant,
Pour bâtir des contes de fées,
Qu'est-il besoin de l'Orient ?
L'Orient ! la mer sans naufrages !
J'aime mieux le bruit des orages,
J'aime à voir se dresser les flots,
Et je veux, dans ma traversée,
L'île heureuse et l'île glacée,
Ainsi pensent les matelots.

C'est que toujours les hirondelles
Aiment à traverser les eaux ;
Le bon Dieu donna-t-il des ailes
Pour vivre en cage à ses oiseaux?
Mais l'oiseau perdu dans la brume,
Là-bas laissa plus d'une plume,
Un jour, pour reconstruire un nid,
Lorsque les grands oiseaux de proie,
Narguant sa douleur ou sa joie,
Diront : Partez, oiseau petit.

LES HONNEURS.

A UN AMI MÉCONNU.

> L'ambition est une perfide maîtresse ; elle étouffe celui qui l'entretient.
> (LABOUISSE.)

> Les hommes sont de grands enfants ; tout petits, il leur faut des hochets ; plus tard, ils demandent des joujoux.
> (........)

Ils ont sapé le chêne au verdoyant feuillage !
Les oiseaux qui l'aimaient regrettent son ombrage ;
En vain il abritait, dans la belle saison,
Sous ses bras étendus, la plainte ou la chanson,

En vain le voyageur y rencontrait un gîte,
En vain, l'hiver aussi, quelque ingrat parasite,
De ses branches, souvent, sut se faire un bon feu ;
Les bûcherons ingrats se riaient de si peu ;
A ce massacre impur, leur troupe résignée,
Pour frapper, a saisi la hache et la cognée,
Ils ont brisé le corps, le cœur et les rameaux ;
Aura-t-il même encore un gland pour les pourceaux ?

C'est ainsi, de nos jours, que l'homme déracine !
Et, d'ici, je te vois, le front dans la poitrine,
Dire, en te recueillant, peut-être avec effroi :
J'ai vu des bûcherons, et le chêne... c'est moi ;

Je ne t'ai pas fêté dans tes jours de fortune,
Car mon obscurité, grâce au ciel, en est une ;
Aujourd'hui, qu'avec toi je me suis attristé,
Permets que je te parle en toute liberté.

D'abord, je comprends peu cette rage, et pour cause,

D'un homme qui se dit : je serai quelque chose,

De moi l'on parlera dans mon petit endroit ;

Comme j'ai du savoir, et d'ailleurs le cœur droit,

Je recevrai partout quelque salut aimable ;

Tout bas, on se dira : c'est un homme capable !

Et si, dans un conseil, je me pose en docteur,

Mon nom ira peut-être, un jour, au *Moniteur* !

J'aurai des ennemis, des envieux sans doute,

Car tout homme qui perce en trouve sur sa route ;

Mais je leur apprendrai, s'ils ne veulent m'aimer,

A force de vertus, au moins à m'estimer ;

Enfin, si je ne puis les réduire au silence,

Ma mort me servira, quelque jour, de vengeance,

Et dans notre cité chacun prendra le deuil,

Les notables viendront entourer mon cercueil,

Chacun se montrera ma demeure dernière ;

Peut-être on gravera sur une froide pierre :

Passant, arrête-toi ! pleure un bon citoyen,

Fais comme lui, soit juste, et comme lui chrétien ;

Si de l'homme de bien la cendre est périssable,
Au moins nous l'avons vu, famille inconsolable,
Administrer vingt ans l'hospice et l'hôpital,
Quatre fois proclamé conseiller général,
De la ville, au conseil, vingt-cinq fois secrétaire,
L'un des six inspecteurs de l'école primaire,
Trésorier de fabrique, adjoint, *et cœtera*...
De ses travaux longtemps la cité parlera...
De profundis. — Parfait ! Moi je mourrai peut-être,
Sans qu'on grave : Ci-gît notre garde champêtre.

— Tu grondes et tu dis : Égoïste parfait,
Tu mérites enfin qu'on te dise ton fait ;
Tu n'es qu'un vain rimeur, ta pensée est stérile ;
Faiseur de mauvais vers, respecte l'homme utile,
Et passe ton chemin, tout n'en ira que mieux.
— Pardon ! écoute-moi, moi fils de six aïeux,
Six aïeux braves gens, par ma mère et mon père,
Qui, dans notre cité, rêvant son sort prospère,

Pour elle ont travaillé deux cents ans révolus :
Va voir un peu, là-bas, comme ils sont bien connus!
Si j'osais les nommer, on fouillerait leur vie,
La tombe ne peut pas se soustraire à l'envie,
De mon orgueil permis, on a su se venger,
Car l'envie a toujours quelques os à ronger.
Crois-moi, sans exciter ces historiographes,
Demande au cimetière où sont leurs épitaphes!
Hélas! tout n'est que cendre! En évoquant leur sort,
Je ne veux pourtant pas t'effrayer sur ta mort ;
Mais repassons tes jours, tes jours quelquefois sombres,
Et voyons si tu n'as poursuivi que des ombres,
Lorsque tu réveillais, pour servir les vivants,
Tous les grands souvenirs d'un monde de savants.

Voilà déjà vingt ans que ton esprit s'applique
A voir, dans ses secrets, la haute politique ;
Tu consultas Bacon, et ta raison osa
Sonder les profondeurs des Wolff, des Spinosa,

Des Puffendorf, des Smith, et ta nuit studieuse
Suit de Machiavel la route sinueuse ;
Tu combats Grotius, ce dur ami des rois,
Et tu courbes ton front devant l'*Esprit des lois*;
Filangieri, Leibnitz t'ont dit, dans leurs ouvrages,
Comment on peut du peuple apaiser les orages,
Puis, Benjamin Constant et Destutt de Tracy,
Lanjuinais, Isambert, en attendant Rossi :
Je ne t'ai jamais vu sans quelque gros volume;
J'espère bien, un jour, te voir prendre la plume,
Oui! mais jusqu'à présent, dis donc où t'a conduit
Ce tenace travail qui tourmente ta nuit?
Faut-il, moi, solitaire, en ces temps où nous sommes,
Que je t'apprenne enfin à connaître les hommes?
Tu ne sais ce qu'ils sont, je vais te le prouver :
Sais-tu comment, chez eux, tu pouvais arriver?
Il ne te fallait pas subir ce long supplice,
Il fallait devenir marchand de pain d'épice,
D'un cidre pétillant faire le vin mousseux,
Qui réveille, au dessert, les esprits paresseux;

Après deux ou trois ans ta fortune était faite,

Et ta science, alors, aurait été parfaite ;

Figure-toi, chez eux, revenir un Colbert :

S'il n'a son équipage avec un chasseur vert,

On saura critiquer sa modeste fortune,

Car, sans beaucoup d'argent, un nom les importune.

Bien plus, j'épuiserai cette discussion :

Voyons donc, de nos jours, où va l'ambition,

Quand elle obtient enfin une tâche si dure,

Et sachons si le pré valait bien la fauchure.

Tu discutes souvent et tu nargues toujours,

Mais je t'infligerai mon burlesque discours ;

Après t'avoir montré l'épine sous les roses,

Je te dirai : poursuis et grandis si tu l'oses !

Voyons d'abord en bas : je veux, pour un instant,

— Et pourquoi pas, peut-être un tel honneur t'attend,

Un homme tel que toi toujours est nécessaire, —

Que le peuple et le roi d'accord te nomment maire ;

Supposes-toi notaire; où trouver le loisir
De faire un peu la banque afin de t'enrichir?
Docteur, tu quitteras le malade qui gronde,
Sans toi, d'être obligé d'aller dans l'autre monde;
Marchand, tu livreras ton comptoir aux commis,
Et ta femme devra répondre à tes amis ;
Avocat, tu fuiras, dans ton ardeur nouvelle,
Des plaideurs affamés la riche clientèle ;
C'est en vain qu'à ta porte ils grelottent parfois,
Le barreau n'entend plus une sublime voix,
Tous en portent le deuil, et la magistrature
Regrette ta logique et surtout ta droiture;
Où donc trouver celui qu'on recherche partout?
Que voulez-vous, messieurs, il est maire avant tout.
Ton nom ne reste pas cloué sur cette rive :
Porté de bouche en bouche, à Paris il arrive,
Enfin l'on t'apprécie et l'on voit sur ton cœurs,
Pour dix ans de travaux, briller la croix d'honneur !
Moi, dans ton antichambre, accourant au plus vite,
Je donne à ton exempt ma carte de visite,

Ou je perce la foule, admirant ton cordon,

Et le cœur tout gonflé de ce glorieux don,

Je dis : viens dans mes bras, que ton ami t'embrasse !

Ton front est soucieux, pourquoi cette grimace ?

D'un air embarrassé tu réponds tristement,

Et je crois assister à ton dernier moment !

Ah ! quelle tuile, ami, te tombe sur la nuque !

Il vaudrait mieux, pacha, voir venir un eunuque,

Avec l'ordre précis de serrer le lacet,

Que, maire, un tel ruban et ce trop cher brevet.

Qui pourra contenir leurs sévères paroles ?

Dans toute la contrée il pleut des fariboles ;

On déchaîne sur toi les lazzis, les brocards,

On entend chuchoter, surtout nos vieux grognards :

Ils disent devant moi, pourtant, qui t'en crois digne,

Qu'on ne sait d'où te vient cette faveur insigne ;

De cuisants quolibets circulent aux faubourgs,

Et tes meilleurs amis forgent des calembours.

Qui pourra contenir la publique risée,

Leur défendre, surtout, d'accourir au musée,

Où ce profond Biard, peintre toujours nouveau,
Des *honneurs partagés* déposa le tableau?
Comment les empêcher de rire jusqu'aux larmes,
En voyant ce soldat immobile, au port d'armes,
Devant le citoyen récemment décoré,
Qui, la main au chapeau, rend ce salut sacré,
Tandis que sa moitié, *qui connaît la décence*,
Accrochée à son bras, fait une révérence?....
Quelle satire, ami! Tu le savais, d'ailleurs,
En France, les plus forts sont toujours les rieurs.

Les voilà, les honneurs, dans la petite ville!
Tu réponds : Je connais un emploi plus tranquille ;
Je porterai la toge et serai magistrat.
— Dans ce poste honorable, on peut servir l'État ;
Je le sais, tu prendrais en tous lieux sa défense ;
Mais pour le magistrat n'est-il pas une offense,
Ce salaire qu'il touche, en ce siècle exigeant,
Qui marche bardé d'or et cuirassé d'argent,

Qui de toutes vertus effrontément se joue?
Le landau d'un failli te couvrira de boue,
Et beaucoup d'artisans, qui m'en ont fait l'aveu,
N'admettent pas qu'un juge arrive, avec si peu,
A porter l'habit noir et la cravate blanche,
Qu'il ait le pot-au-feu quelquefois le dimanche,
Et certains campagnards ont gardé ce dicton :
Ces messieurs ont bien sûr quelque *tour de bâton!*
La richesse sourit et la pauvreté raille;
Pourtant le magistrat, sans se plaindre, travaille,
Il évite le monde, il se fait tout honteux,
Il vivra dans la gêne et mourra malheureux;
La gêne! dans ce siècle, ils l'ont pour leur compagne,
Le valeureux soldat, le curé de campagne,
Le juge studieux, le zélé professeur;
Crois-moi donc, ne sois rien, ou fais-toi receveur !

— Mais à quoi serviront mes vingt-cinq ans d'étude ?
Je veux plus, mon avoir m'en donne l'aptitude,

Et je le dis enfin, si j'étais député,

Je servirais le roi, l'honneur, la liberté!

— Cher ami, par pitié, refoule dans ton âme

Ce rêve glorieux qui t'anime et t'enflamme;

Si l'on revient jamais aux temps qui ne sont plus,

Où l'on cherchait aux champs quelques Cincinnatus,

Soit! Mais en attendant, cet honneur qu'on envie

Vaut-il bien, riche enfin, qu'on tourmente sa vie?

Je suis loin d'incomber sur nos législateurs,

Mais nous pouvons un peu jaser des électeurs,

Race ingrate parfois, souvent insatiable;

Pour te la rendre un jour quelque peu favorable,

Nous avons deux chemins pour nous en approcher;

L'un peut les voir venir, l'autre va les chercher;

Sur le seuil du premier voudrais-tu les attendre?

Leur foule est soupçonneuse, et je crois les entendre

Dire, d'un ton suspect : Ambitieux rêveur,

Si tu le veux, au moins, recherche cet honneur;

Tu te raidis, l'on passe, et l'on fuit ton mérite.

Prendras-tu le second, par où l'on sollicite?

Ah! ton courage, ami, pourrait bien se lasser;
Car, par mille moyens, il faut les caresser.
Que si tu réussis, aussitôt l'on t'accoste;
Il leur faut, pour le moins, douze bureaux de poste;
L'un d'eux te recommande un enfant au bivac,
Celui-ci sollicite un bureau de tabac,
Cet autre à son donjon voudrait un télégraphe,
Un commis empressé te demande un paraphe;
Un jeune substitut, fatigué de l'emploi,
Voudrait voir avancer son procureur du roi;
Un millionnaire espère un secours pour sa tante,
Le marchand dit qu'il faut amoindrir la patente;
Un notaire enrichi, qui sonde un successeur,
Te prodigue, en passant, des mots pleins de douceur;
Cent places, en ton nom, doivent leur être acquises.
Courage! pousse-s-en jusqu'aux îles Marquises!
Moi-même, apparaissant parmi tant de bourreaux,
D'un ministre je veux qu'on m'ouvre les bureaux;
D'ailleurs, je vis de peu, j'ai médité Sénèque,
On pourrait me loger à la Bibliothèque;

Je glisse mon adresse en te serrant la main,

Cette rue a nom Seine, au quartier Saint-Germain,

Le numéro vingt-neuf.... Et voilà qui nous sommes!

Ah! que les députés doivent rire des hommes!

La peinture n'est pas chargée assurément,

De ton martyre, ami, c'est le commencement;

Tu quittes à la fin cette foule vorace,

Mais de tes électeurs comprends enfin la race!

A Paris, tu croyais n'appartenir qu'à toi,

Et mûrir, à l'écart, quelque projet de loi;

Erreur! On veut d'abord que chaque mandataire

De l'arrondissement soit le commissionnaire.

Déjà, dès le matin, entr'ouvrant ton rideau,

Ton valet soucieux, ployant sous le fardeau,

Apparaît brusquement, et la sueur te gagne

En voyant à ses pieds surgir une montagne

D'épîtres qu'on oublie, au départ, d'affranchir;

Et tu voulais pourtant travailler, réfléchir!

Du tout! Lis, et contiens la rage qui t'enflamme :
— Monsieur, c'est vendredi la fête de ma femme,
Je voudrais lui donner un chapeau des plus frais,
Veuillez bien voir Baudrand ou Maurice Bauvais;
Nous compterons plus tard, recevez mon excuse....
— Monsieur, de vos bontés souffrez qu'enfin j'abuse :
Moi, vieux célibataire, au premier jour de l'an,
Je veux faire accepter à ma bonne un tartan;
Ci-joints quatorze francs, et j'ai bien l'honneur d'être...
— Monsieur, mon souvenir vous reviendra peut-être,
Mon nom est Saillagousse, et je vous ai prouvé
Que je fus, de tout temps, électeur dévoué.
Le ciel a bien voulu compléter ma famille,
Hier un fils m'est né, ça me fait un quadrille;
Il faut, pour le baptême, une layette Oudot,
Veuillez y joindre aussi cinq biberons Darbot;
Mon petit Marc-Aurèle a besoin d'une épée,
Et mon Ambroisina voudrait une poupée;
L'une et l'autre, je crois, se trouvent chez Giroux;
Grand'maman a besoin de sirop Lamouroux.

— Monsieur, fidèle esclave au joug de l'hyménée,
Je vois toucher ma fille à sa seizième année ;
Si la faux de la mort nous fit trembler souvent,
Hippocrate, monsieur, a sauvé notre enfant ;
Elle un enfant, que dis-je ? un cygne d'Ausonie,
En la formant les dieux s'occupaient d'harmonie ;
Mais je ne comprends pas pourquoi le sieur Érard
Pour notre piano met autant de retard ;
La mère le demande et la fille l'espère ;
Pour être heureux, monsieur, croyez-moi, soyez père !
De ce dérangement acceptez mes regrets.
— Monsieur, la Providence a de profonds décrets ;
Ma gastrite me tue, et je meurs si je tarde
A recevoir de vous six livres de moutarde ;
Ma bonne à la voiture ira donc demain soir ;
Veuillez joindre, monsieur, un solide clysoir,
Que vous pourrez trouver chez quelque bandagiste,
Même Valérius, qu'on dit henriquinquiste ;
Votre humble serviteur, toujours en attendant....
Post-scriptum : J'ai perdu ma vingt-troisième dent.

Tu ris, et cependant c'est bien là de l'histoire;
Moi qui te parle, ami, j'ai su, peux-tu le croire?
Qu'on osa tourmenter un grave homme d'état
Pour le petit congé d'un petit magistrat!
De ce métier d'enfer, ami, je te fais juge :
Examine et regarde où sera ton refuge?
Au départ, on t'a dit que chaque député
Doit porter le front haut en toute liberté,
Que s'il est des écarts, tu ne dois pas te taire,
Et qu'il faut contrôler tel ou tel ministère;
Pourtant chacun de nous, en faussant ton chemin,
Dans l'antichambre veut que tu tendes la main ;
Alors, peux-tu garder ta sage indépendance?
A quoi sert ton savoir, dans ta persévérance,
Pour les moindres détails, si, toujours harcelé,
Nous voulons que tu sois un *factotum* zélé?
Et pourtant j'en connais, luttant dans cet orage :
Mais, ma foi, conviens-en, ils ont bien du courage!
Viendrais-tu, provoquant le vote universel
Parmi les ouvriers d'une tour de Babel,

Qui veulent travailler sans suivre l'architecte

Que Dieu leur envoya, que la France respecte,

Qu'ils pleureront un jour, quand il ne sera plus?

Nos principes sacrés que sont-ils devenus ?

Quand on nous montre, hélas! dans cette polémique,

La légitimité sœur de la république,

Carnaval où l'on voit un grand homme, un chrétien,

Coiffer sa royauté d'un bonnet phrygien,

Lorsque, le sceptre en main, la république est prête,

Pour ravoir le bonnet à prendre aussi la tête!

Mon ami, tout s'en va, Dieu ne veut plus de nous ;

Dût-on me châtier, ces hommes-là sont fous.

Ils l'ont surpris enfin, l'éblouissant génie,

Le grand Chateaubriand, l'ange de l'harmonie,

Qui s'en va, dupe hélas! bien humble et toujours bon,

De mots républicains saluer un Bourbon,

Lorsque d'autres, à part, forgent dans leur visite

Un article quatorze au jeune néophyte;

Le piége est bien usé pour nous prendre aujourd'hui ;

Qu'eût pensé le poète, en venant près de lui,

Si le doux héritier se fût mis à sourire,

Et si, plus expansif, il eût osé lui dire :

Vieillard, vous qui venez me parler du serment

Que vous dites toujours garder si saintement,

Vous n'êtes pas venu, j'en garde souvenance,

Ici, le répéter au comte de Provence.

Que faisiez-vous, au temps de cet usurpateur

Que le pays osa proclamer empereur?

On m'a dit, — pèlerin, la tâche est un peu lourde,

Que vous fûtes à pied, chercher dans votre gourde,

Pour baptiser son fils, un peu d'eau du Jourdain,

Et qu'au retour quelqu'un en rit avec dédain;

Le dévouement était quelque peu romantique...

Chantez, chantre immortel, votre immortel cantique,

Mais en fait de serment, il vaudrait mieux, je crois,

Porter vos tendres vœux à Napoléon trois...

La folle du logis s'est longtemps égarée;

Pour divaguer ainsi c'est trop d'une soirée;

Le temps fuit cependant, laissons-les, dans leur cœur,

Poursuivre, en s'agitant, le rêve du bonheur;

Lorsque l'ambition au hasard les transporte,

Le bonheur tant couru s'est blotti sur ma porte;

C'est là qu'il a pris gîte, et s'il me voit venir,

Bienveillant, à mes pas, je le vois accourir;

On le voit, sur le seuil, sans faste ni livrée,

Aux sincères amis donner toujours l'entrée;

Un peu grondeur parfois et tolérant toujours,

Il livre, par hasard, le passage aux amours.

Il me dit, tous les jours, qu'enfin ma tâche est faite;

— Croyez-moi, n'allez pas monter sur quelque faîte

Et de l'ambition suivre les dures lois:

Les plus à plaindre enfin, ne sont-ils pas les rois?

C'est qu'ils sont haut perchés sur cette grande échelle;

Restez en bas, monsieur, car lorsqu'elle chancelle

Et tombe avec fracas, elle entraîne tous ceux

Qu'on voit grands et petits s'accrocher derrière eux;

On fait de vains projets, un souffle les écarte...

Les ambitieux sont des capucins de carte.

Oui, tandis que sur eux souffle ou passe le vent,
Je les ai vus lutter et combattre souvent,
Se ruer à la brèche au moment du pillage,
Disputer la chaloupe alors que vient l'orage;
Pêle-mêle, poussés sur cet esquif léger,
Je les vis tour à tour s'engloutir, surnager,
S'arracher les morceaux quand les vivres sont rares;
Je ne les vis jamais offrir leurs mains avares
Au frère qui se noie, et même on aide un peu
A le pousser dehors à la grâce de Dieu...
Esquif maudit du ciel où tout tombe, tout s'use,
Esquif qu'on peut nommer : Radeau de la Méduse!

Ah! plus heureux, au port, plus heureux entre tous,
S'il nous était donné de vivre un peu pour nous,
Je te dirais: Gagnons le haut de la montagne;
Bâtissons, dominant la joyeuse campagne,
Une chaumine blanche avec contrevents verts;
C'est là, c'est à l'écart que les cieux sont ouverts!

Passons notre vieillesse en paix, sur la pelouse,
Conserve ton habit, sans rire de ma blouse;
Aimons, en retrouvant leurs doux rêves promis,
Nos livres qui toujours sont nos meilleurs amis;
N'envions plus personne, à la fin soyons sages,
Des chênes acceptons les propices ombrages;
Oublions, dédaigneux de tant de bruits confus,
Toi, tes rêves trompés, et moi, mes chants perdus!

A MA LAMPE.

> Veille encore, o lampe fidèle,
> Que trop peu d'huile vient nourrir.
> (BÉRANGER.)

Zéphyr a fui, l'aquilon, sur son aile,
Emporte au loin la feuille de nos bois ;
O lampe amie, o compagne fidèle,
L'hiver est doux lorsque je te revois.
Sous ton foyer, ma muse, agile abeille,
Sut butiner, aimer, chanter, prévoir :
Veille toujours, ma douce lampe, veille,
J'aime, avant tout, les doux rêves du soir.

Quelque peu d'huile alimente ta flamme
Baissant parfois, brillante par hasard,
O lampe es-tu l'emblème de mon âme?
Je sens, hélas! trop tôt qu'il se fait tard.
Le siècle marche et ma muse sommeille,
Pourtant, parfois, se ranime l'espoir :
Veille toujours, ma douce lampe, veille,
J'aime, avant tout, les doux rêves du soir.

Souvent ici, sous ta flamme assoupie,
J'ai vu passer des anges dans ma nuit ;
J'entendais dire à plus d'une ombre amie :
Viens donc là-haut, où l'amour nous conduit!
De riches fleurs tombaient dans ma corbeille,
De doux parfums embaumaient mon manoir :
Veille toujours, ma douce lampe, veille,
J'aime, avant tout, les doux rêves du soir.

Puis je rêvais, dans le monde où nous sommes,
Pour les humains la confraternité,

Et j'appelais, de mes vœux, sur les hommes
L'amour du ciel, la sainte liberté.
L'oiseau peureux, grappillant dans la treille,
Ne craignait plus la glu ni le miroir...
Veille toujours, ma douce lampe, veille,
J'aime, avant tout, les doux rêves du soir.

On ne voit plus, dans les champs et les rues,
Se pavaner d'orgueilleux bataillons,
Et nous fondons, pour faire des charrues,
Chrétiens enfin, le glaive et les canons.
Du livre saint la pompeuse merveille
Se comprend mieux, bien mieux qu'un livre noir;
Veille toujours, ma douce lampe, veille,
J'aime, avant tout, les doux rêves du soir.

Puis je voyais ma tendre poésie
Briller enfin, quoique faible et sans art;
Puis, je rêvais une tombe choisie,
Où l'on venait pour songer à l'écart;

Puis je voyais, d'une rose vermeille,
Sur ce tombeau quelques feuilles pleuvoir,
Veille toujours, ma douce lampe, veille ;
J'aime, avant tout, les doux rêves du soir.

A MON FOYER.

Si le sarment pétille dans ton âtre,
Je suis content, moi, qui vis de si peu;
Mais, je le sens, ma musette folâtre,
Devient frileuse et j'ai besoin de feu.
Déjà s'en vont les rêves de la vie,
C'est la fumée abandonnée aux vents;
Mais, près de toi, je brave les autans,
O mon foyer, que je te remercie!

D'ici je sens, voyant tomber la neige,
Qu'un jour, hélas! blanchiront mes cheveux.
Tombez, flocons, au toit qui me protège,
Et respectez celui du malheureux.
Donnons, donnons au pauvre qui mendie.
Heureux celui qui peut donner du pain!
Auprès de toi s'est chauffé l'orphelin,
O mon foyer, que je te remercie!

Jeune, excitant tes brillantes parcelles,
J'ai vu souvent ma nourrice, autrefois,
Qui me disait: Suivons les étincelles;
Je me taisais pour écouter sa voix.
Pauvre nourrice, hélas! elle est partie!
Mais je conserve, au cœur, son entretien;
Auprès de toi, nous nous chauffions si bien!
O mon foyer, que je te remercie!

— Attise! vois, c'est la cavalerie
Qui vient pleuvoir sur un seul bataillon;

Il est Français, c'est notre infanterie :
Des cavaliers a fui le tourbillon ;
Victoire à nous ! la valeur les défie ;
Une étincelle a redoublé d'ardeur,
Vois-tu ? c'est Rapp courant vers l'empereur...
O mon foyer, que je te remercie !

Plus lentement cette autre qui voyage
Va se heurter contre un rocher noirci ;
Brillante encore elle meurt sur la plage,
Car le destin avait dit : C'est ici !
Attise encore, o nourrice chérie,
Fais-moi renaître un point si lumineux !
Mais l'étincelle est déjà dans les cieux ;
O mon foyer, que je te remercie !

J'attisai seul ; — cette autre, quelle est-elle ?
Sur un fond noir elle a bientôt filé.
O liberté ! tu n'es qu'une étincelle !
Petit foyer, réchauffons l'exilé !

Auprès de toi, désertant sa patrie,
Hier un Grec vint me tendre la main...
Un Polonais doit s'y rendre demain.
O mon foyer, que je te remercie!

A MON RUISSEAU.

Petit ruisseau, va murmurant,
Promène doucement ton onde ;
Petit ruisseau bien transparent,
Ton eau pure est parfois féconde.

Loin des flots, par les vents battus,
Laisse baigner à ton rivage,
Et parfois baise les pieds nus
De la vierge du voisinage.

Serpente et prolonge ton cours
Parmi les fleurs ou les ruines;
Petit ruisseau, coule toujours,
Arrose même les épines.

Coule, coule bien loin du Nord,
Cherche la brillante nature;
Le reptile, en vain, sur le bord,
Voudra ternir ton onde pure.

Petit ruisseau, le jour viendra,
Qu'inondant la verte prairie,
Le grand fleuve t'emportera :
Ainsi mes chants, ainsi ma vie !

A UNE JEUNE FILLE POÈTE.

> Quand vous naissiez un rossignol chantait.
> (Victor Hugo.)

Un jour, parmi des fleurs, sur un léger nuage,
Des anges, pour ta mère ayant un doux présage,
    Et ce fut là son plus beau jour,
Du ciel, ayant ouï sa prière touchante,
Apportaient un enfant auquel ils disaient : Chante !
    C'est toi, vierge aux parfums d'amour.

Chante! avant peu ton chant sera plein d'harmonie;
Chante! Ici-bas tout passe excepté le génie,
    C'est le roc au milieu des mers;
Un souffle blanchira ta jeune tête blonde,
Et ton céleste front plissera comme l'onde
    Aux vents déchaînés des hivers;

Mais ton chant restera si tu veux qu'il nous reste;
Il se reproduira comme un parfum céleste
    Qui vient des pays inconnus,
Doux parfum embaumant par de fraîches bouffées,
Ou comme les bouquets des corbeilles des fées,
    Autour de celui qui n'est plus.

Car tu chantes l'amour sans pourtant le comprendre,
Car ton regard envoie un éclair doux et tendre,
    Qui n'ose pas encor briller,
Mais qui descend du ciel et pour nous se dévoile
Comme le feu léger d'une première étoile,
    Qui nous pénètre sans brûler.

Garde bien, mon enfant, ta robe d'innocence !
Que ta lèvre ne cherche, en sa vague espérance,
    La coupe où souvent est le fiel ;
Dieu seul, avec ta mère, ont droit à tes louanges,
Que ton rêve incertain ne suive que les anges,
    Puisqu'ils sont tes frères du ciel.

Toi, que l'amour réchauffe et que le ciel protége,
Mystérieux bouton qui veut percer la neige,
    Et que Dieu plaça sous nos pas,
Attends que le soleil puisse te faire éclore,
Le bouton vaut la fleur, il n'est pas temps encore,
    O doux espoir de nos frimas.

Oh ! que j'aime ton chant, ma petite hirondelle !
Hélas ! déjà tu veux étendre ta jeune aile ;
    Il est des oiseaux passagers ;
Et lorsque le printemps fait grandir le plumage,
On s'en va, sans savoir où conduit le voyage ;
    Hirondelles, oiseaux légers !

Que ne puis-je te suivre en ta course incertaine,
Répandre un peu de mousse à la plage lointaine,
 Applaudir tes accords touchants;
Guider ton vol léger, t'encourager joyeuse,
Triste te consoler, te réchauffer frileuse,
 Partager ta plainte ou tes chants?

Et quand tu songeras à la patrie absente,
Et quand tu livreras à ton aile trop lente
 L'espace si long à franchir;
Sur ma nef, abrégeant l'immense traversée,
Que ne puis-je attacher, hirondelle froissée,
 Une rose pour t'y blottir!

Hélas! j'aurai vieilli, souffrant et solitaire,
Comme un cygne blessé retombant sur la terre,
 Sans soleil chaud pour mes vieux jours;
Mais je puis retrouver un dernier chant, peut-être,
Si près d'ici tu viens, au toit qui te vit naître,
 Suspendre un nid pour tes amours.

L'AUMONE.

> C'est trop peu d'en gémir, il faut dompter le mal.
> (Victor de Laprade.)

Riche ou pauvre, songeons à ce triste présent
Qu'on appelle la vie! — Un vain mot! Le présent
Entre un néant perdu que l'on ne peut connaître,
Et l'avenir obscur qu'on devine peut-être,
Sans avoir demandé cette vie à quelqu'un.
Brutalité du sort! hasard! effet commun
Qui nous jette ici-bas sans nous dire la cause ;
Vain mot que chacun dit sans connaître la chose,

La vie ! — Arriver là souffreteux et tout nu,
Sortir d'un flanc meurtri, dans la douleur venu,
Naître dans un grenier, ou peut-être à Versaille,
Et salir en naissant la pourpre ou bien la paille ;

C'est une étrange chose, où l'on n'y comprend rien,
Que l'on soit musulman ou que l'on soit chrétien.
Puis on revêtira des haillons de misère
Ou de riches habits ; cela dépend du père.
S'il est riche, l'enfant, sur un beau coussin d'or,
De l'église, à lui seul, obtient tout le trésor ;
Il ne voit pas, pourtant la nef pour lui flamboie,
En le portant on pousse en l'air des cris de joie ;
Au loin l'on entendra longtemps hurler l'airain,
On félicitera tout un jour le parrain ;
Qu'il est beau cet enfant ! Voyez donc, c'est un ange !
Pourtant le fils du pauvre, en son ignoble lange,
Ce soir arrive aussi sur les fonts baptismaux,
Criant et tourmenté par d'invisibles maux ;
S'empressant d'inonder sa tête refroidie,
On a versé l'eau sainte à peine dégourdie.

Les portes d'un château vont s'ouvrir au premier,

Et l'on reportera l'autre sur son fumier;

La voilà cette vie! — Eh bien! elle est infâme,

Riche ou pauvre, la mère enfin est une femme,

Et je ne sais pourquoi, dans le même chemin,

L'une est dans un carrosse et l'autre tend la main!

Et c'est pour vivre ainsi, moi, penseur, sur la route,

Qu'un jour Dieu m'a jeté! — Cette vie est le doute,

C'est plus, c'est l'injustice, un rêve révoltant...

Ne vous récriez pas, je fus un riche enfant;

Aussitôt que j'ai pu deviner ou comprendre,

Ma nourrice, d'abord, m'a parlé d'un air tendre,

Et, comme on la payait bien généreusement,

Ma nourrice, elle avait un égal sentiment,

Puis, elle me portait joyeuse sur la place,

Dans un petit manteau descendant avec grâce;

Plus tard, quand je courus, j'avais de beaux habits,

Quand les pauvres venaient, — Prenez garde, petits;

Allez plus loin, pauvrets, vous chiffonnez mon maître!—

—Ces enfants! des habits! En avaient-ils? peut-être!

Et nous osons après parler d'égalité!

Chimère! c'est pour nous que luit la liberté!

Nous accaparons tout; pour nous le pauvre sue.

Le pauvre, c'est le corps; le riche, la sangsue;

A peine le travail empêche de mourir;

Le riche n'a qu'un mot : Jouir, toujours jouir,

Et nous laissons à peine, en notre ardente fête,

Le milieu pour le pauvre entre l'homme et la bête.

Pourtant, nous avons su souvent le dépouiller,

Sans voir si *ses petits* qu'il entendra pleurer

Auront du pain ou même un peu d'herbe en pâture;

Et s'il fut pressuré par la main de l'usure,

Et s'il ne peut payer, nous avons la prison!

Nous sommes les plus forts, donc nous avons raison!

Puis, honorablement, élevons nos familles,

Heureux pères, donnons des rubis à nos filles,

Apprenons-leur, surtout, à savoir minauder,

Donnant le petit sou que l'on vient demander;

— Donnez, tendres enfants, au pauvre sur la dalle,

Mais n'approchez pas trop, on attrape la gale. —

Et puis du piano le tapis de brocart
S'enlève, on va chanter le petit savoyard,
Ces romances du cœur en larmes si fécondes ;
Ma foi, tout est au mieux dans le meilleur des mondes !
D'ailleurs, au premier banc on nous voit au saint lieu,
Si Dieu n'est pas content, il est singulier, Dieu !

Ainsi, sur deux chemins, nous suivons notre vie :
L'un, bien sablé, couvert de fleurs à faire envie,
L'autre sentier ardu, fangeux ou raboteux ;
Le premier est pour nous, et le second pour eux ;
Enfin nous arrivons au terme de la lice,
Terminant le bonheur, eux autres, le supplice !

Et ce n'est tout, hélas ! Que j'en ai vu passer,
De pauvres morts qu'on va pêle-mêle entasser
Dans une même fosse, où moi j'irai peut-être,
Lorsqu'à l'autel dressé pour notre divin maître,
En la chapelle ardente on prodigue des chants
Au riche décédé, puis, ces hymnes touchants

Que l'orgue en murmurant, relève sous la voûte ;
Il est riche, et du ciel riche est pour lui la route !
Mais, est-ce donc ainsi que notre maître à tous
Dictait son dogme pur ? Quand nous paraîtrons, nous,
Devant son tribunal, prêtres, riches ou princes,
Son grand fouet n'aura-t-il que des lanières minces
Pour effleurer, au ciel, seulement notre peau ?
A droite, à gauche, alors divisant le troupeau,
Que nous serons petits dans la grande vallée !
Qui viendra secourir notre âme désolée ?
O riches, faisons-nous d'éloquents avocats !
Que le pauvre se lève et désarme son bras !
Partageons avec lui, donnons, donnons encore,
Pour que, tombant aux pieds de ce Christ que j'adore,
Nous sentions son courroux enfin se désarmer
Aux cris des malheureux qu'il nous faudrait aimer.
Heureux celui qui souffre et que l'on abandonne !
Malheureux qui ne fait ici-bas que l'aumône !

NOEL.

Petits enfants, frères des anges,
Quittez votre duvet si doux;
Le seigneur aime vos louanges,
Minuit sonne, réveillez-vous.

Malgré le toit qui la protége,
Dans l'église il fait froid ici;
Mais voilà bien longtemps la neige
Dans l'étable tombait aussi.

Enfants, c'est moi, c'est votre mère ;
J'ai promis de vous réveiller,
Quittons le lit pour la prière ;
On a toujours chaud pour prier.

Venez! sur la glissante voie,
Abritez-vous sous mon manteau ;
Déjà notre église flamboie,
Et c'est la fête de l'agneau ;
Marchons, enfants, la cloche tinte,
Tous les fidèles sont partis ;
En passant, accueillons la plainte
Des Savoyards au seuil blottis.

Là-bas, au milieu des images,
Sous les cierges étincelants,
A Jésus déjà les trois mages
Offrent l'or, la myrrhe et l'encens.
A tous, même à celui qui pèche,
Il veut donner ou pardonner ;

Tout petit, il dit dans la crèche
Trois mots : Aimer, croire, espérer.

Donnez, donnez à la quêteuse ;
Le riche vit pour l'artisan ;
Une famille malheureuse,
De vos joujoux, vivrait un an.
Donnez toujours, car c'est bien faire,
La rivière vient du ruisseau :
Jésus donne la paix sur terre,
Et le ciel pour un verre d'eau.

Mais le vent souffle avec furie,
Retournons à notre logis ;
En passant, saluez Marie,
Vous rêverez du paradis.
Rentrons ! Voilà la table mise,
Voilà des gâteaux, des joujoux !
Lorsque vous donniez dans l'église,
L'ange gardien pensait à vous.

Petits enfants, frères des anges,
Regagnons le duvet si doux;
A demain, pour Dieu, vos louanges,
Une heurs sonne, endormez-vous.

LA PREMIÈRE COMMUNION.

Lorsque, les deux genoux en terre,
On vous voit, petits chérubins,
Pour prier dans le sanctuaire,
Joindre pieusement les mains ;
L'on croit que chantant les louanges
Du Dieu qui vous mit ici-bas,
Vous venez du pays des anges...
Anges ! ne vous envolez pas !

Le Seigneur aime vos prières,
Le Seigneur aime vos accents ;
Il aime les vertus premières
Qu'on trouve en vous, chastes enfants !

Enfants, priez, priez encore,
Bientôt vous serez dans les bras
De celui que le monde adore;
Anges! ne vous envolez pas!

O jour de splendeur et de grâce,
Jour de fraternelle union!
Faites, mon Dieu, que rien n'efface
La première communion!
Fils du riche, si le convive,
Après le celeste repas,
Vous dit: J'ai faim; par vous qu'il vive.,.
Anges! ne vous envolez pas!

Anges, demeurez sur la terre,
Que foulèrent nos pas souillés;
Que l'enfance la régénère,
Que nos crimes soient oubliés;
Épurez ce cloaque immonde,
Où se débattent tant d'ingrats;

Oh! faites-nous un meilleur monde!
Anges! ne vous envolez pas!

Hélas! c'est misère, et nous sommes
Dédaigneux du seul vrai trésor,
Et nous, méchants enfants des hommes,
Nous ne connaissons qu'un mot : l'or ;
Oui, dans cette triste vallée,
Nous ne vivons que de combats,
On touche même au mausolée...
Anges! ne vous envolez pas!

Du poète l'âme souffrante
Est comme une veuve de Dieu ;
Ce n'est hélas! qu'une ombre errante,
Qu'on voit parfois dans le saint lieu.
Mais quand le poète succombe,
Il rêve l'ombre d'un lilas,
Puis une prière à sa tombe....
Anges! ne vous envolez pas.

PHILIPPE.

Il est dur de laisser mourir sa bonne mère,
      Sans pouvoir l'embrasser !
Dans mes bras, un moment, si j'allais la presser,
Et puis dire à Justine : Auprès de mon vieux père,
      Reste et soutiens ses derniers jours,
Sois son enfant aussi, c'est servir nos amours.
Si près d'ici... j'irai. » Trompant la sentinelle,
    A la faveur du crépuscule obscur,
      Il se glisse le long du mur,
      Trompant la consigne cruelle.

Mais quel bruit vient frapper l'oreille du soldat?
A peine il arrivait au lit de la malade,
Il écoute, et de loin entend la fusillade,
Il n'est pas à son poste et pourtant on se bat.
Adieu la pauvre mère! adieu la bien-aimée!
Philippe, tout couvert de sang et de fumée,
  A regagné ses bataillons :
— D'où viens-tu? — D'embrasser une mère alarmée,
Voyez! des assiégeants j'ai traversé l'armée,
Elle mourait, ma mère! — Et nous, nous combattions!
Déjà l'on délibère et la foule en silence,
Tremble pour le soldat que rien ne fait pâlir;
Le conseil, en deux mots, prononce la sentence :
Philippe, c'en est fait, demain tu dois mourir.
  —Pour prix de la valeur guerrière
  Que tu montras toujours au feu,
Le conseil te permet d'émettre un dernier vœu.
  — Colonel, à ma boutonnière,
Qu'on respecte ma croix, et que sur les glacis,
On me laisse choisir douze de mes amis;

Telle est ma volonté dernière.

Au point du jour, dans son cachot,

L'aumônier vient, le grenadier s'incline :

— Devant Dieu, mon enfant, tu paraîtras bientôt.

— Mon père, je crains peu la puissance divine.

— Tu pleurais, cependant. — Je pensais à Justine,

Et l'ennemi, demain, doit donner un assaut.

Mais déjà, sous les voûtes sombres,

Philippe entend de loin... C'est le bruit des tambours!

La garde arrive à pas marqués et sourds,

Et de son noir cachot a pénétré les ombres;

Puis la garde, avec lui, s'approche avec lenteur

Au pied des hautes palissades :

Philippe alors implore la faveur

D'embrasser ses vieux camarades;

Mais voici le commandement!

Le lieutenant paraît et de loin crie : En place !

Philippe alors recule lentement,

Et de six pas a mesuré l'espace.

Mais, à son maître s'attachant,

Le chien du grenadier auprès de lui s'arrête ;

    Voyant le trépas qui s'apprête,

    Il le regarde en gémissant.

Il aboie, il supplie, il s'élève, il espère

    Les attendrir par ses accents perdus ;

Mais les hommes! D'un chien qu'importe la prière!

    Adieu, Justine! adieu, ma mère!

    Un signe, et l'homme n'était plus!

Et les braves, vingt ans nourris dans les alarmes,

    Touchés, trop tard, d'un plaintif hurlement,

    Devant le corps défilaient tristement,

Sous leurs épais sourcils laissant briller des larmes.

    Dans la ville on en parle encor ;

On se montre une tombe où le passant s'incline ;

    On prétend qu'y mourut Médor,

Et des méchants m'ont dit qu'on n'y vit pas Justine.

FLEURETTE.

> Le jeune homme aux cheveux bouclés,
> C'était don Juan, roi de Castille;
> Allez, allez, o jeune fille,
> Cueillir des bluets dans les blés !
> (Victor Hugo.)

Elle était fraîche, innocente, jolie,
De longs cheveux ornaient sa tête de seize ans;
C'était l'amour au matin de la vie,
Le bouton de rose au printemps.
Quand la blonde Fleurette, avec son chien fidèle,
Joyeuse, allait aux champs, conduisant son troupeau,

Tous les bergers de son hameau

Soupiraient en passant et disaient: Qu'elle est belle!

Mais la beauté n'est qu'une fleur,

Et la fleur est parfois coquette;

Un insecte doré souvent la pique au cœur ;

Pauvre Fleurette !

Quel est ce chevalier ardent, impétueux?

Se jouant sur son front déjà majestueux,

Un panache élégant le décore et l'ombrage ;

Qu'il est beau! mais pourquoi vient-il dans ce village?

C'est Henri qui déjà sent palpiter son cœur ;

Il joue innocemment avec la bergerette,

On le croit, mais tout bas il parle à la pauvrette

De ce plaisir qu'il appelle bonheur ;

Pauvre Fleurette !

Dans ces lieux existait pourtant

La vieille qui l'avait choyée encore enfant,

La nourrice au bon cœur, craignant pour l'innocence ;

Hélas! contre l'amour que peut l'expérience!
Elle disait souvent : Enfant, écoute-moi ;
Qu'attendre d'un amant qui peut devenir roi?
Évite, pauvre fille, une illustre conquête ;
Un jour, à la fontaine, il porta sur sa tête
Le vase si léger qu'il a pris à ta main :
C'est un piége, ma fille. Et la fille, muette,
Au lieu de l'écouter songeait au lendemain ;
Pauvre Fleurette!

Le lendemain l'aurore aux feux si doux
Vint avec les oiseaux pour égayer la terre.
Oubliant sa nourrice et l'avis salutaire,
Déjà Fleurette allait au lieu du rendez-vous ;
Vers le bosquet voisin, confiante et fidèle,
Elle volait... mais hélas! que vit-elle?
Son infidèle amant implorant à genoux
Les faveurs d'une dame et plus riche et plus belle ;
Pensive, elle quitta ces lieux ;
Mais, comme son amour, sa douleur fut secrète,

On ne vit pas de pleurs couler de ses beaux yeux ;
Pauvre Fleurette !

Son amant heureux, au matin,
Se promenait au bord du lac voisin ;
Du batelier la nacelle légère,
En se jouant sillonnait l'onde claire,
Et le prince marchait, cueillant, à chaque pas,
Cette fleur : *ne m'oubliez pas.*
La nacelle revint avec la bergerette,
Mais l'enfant était pâle, immobile, muette ;
Morte, enfin, Henri la trouva,
Et sur une tombe on grava :
Pauvre Fleurette !

Nourrices de nos jours ont moins à larmoyer,
Car je sais plus d'une fillette
Qui se laisse, sans se noyer,
Conter fleurette.

AU SULTAN.

Vous avez, nous dit-on, des fêtes magnifiques,
Et dans votre palais, ceint de nombreuses piques
    Qui défendent votre sérail,
Quand le soleil a fui le dôme des mosquées,
Parfois vous rassemblez les sultanes musquées
    Dans votre chambre de corail.

Au palais somptueux que tout le monde admire,
Qui, fier et parfumé, tout orgueilleux se mire

Sur un rivage d'Orient,
Pour éloigner de vous l'odeur de quelques têtes,
Plusieurs jeunes houris apportent dans vos fêtes
Des fleurs avec un front riant.

Dans vos heureuses nuits de solennelle orgie,
Les peuples ont pour vous, surtout la Géorgie,
Seigneur, des voluptés sans nom;
Et, sultan orgueilleux, vous passez la revue
De cette multitude à peine demi-nue,
Sur le divan de Salomon.

Et même, dans vos jours de facile allégresse,
On a vu relever par l'esclave de Grèce
Un chiffon que vous laissiez choir...
Et pour calmer, seigneur, votre haine farouche,
Docile, elle apportait à l'infidèle couche
Votre capricieux mouchoir.

Bien! Mais vous n'avez pas, au bosquet solitaire,

Après un an d'attente, un amoureux mystère,

Si précieux au cœur aimant,

Et vous ne voyez pas celle qui se dérobe,

Avec un brin de mousse aux longs plis de sa robe,

Qu'elle secoue en rougissant.

CHATEAUX EN ESPAGNE.[*]

> On peut bien quelquefois se flatter dans la vie.
> (Collin d'Harleville.)

Sans vouloir pénétrer dans les choses futures,
Je puis, tout comme un autre, avoir mes aventures,
Et puisque, sans profit, j'ai voulu cet honneur,
Je dois, pendant deux ans, rester juge auditeur ;

[*] Dans un livre qui a bien son côté sérieux, je n'aurais jamais consenti à insérer cette pièce, espèce de pochade, restée en portefeuille depuis 1828, mais elle a été applaudie par quelques amis; c'est pour eux que je l'exhume; leur indulgence m'indemnisera de la censure du public.

Avec les gens du roi j'entre bientôt en lice ;

Me voilà substitut, chacun dit : C'est justice.

Mais je n'étais pas né pour ce modeste emploi,

Bientôt j'arrive au rang de procureur du roi.

Je n'y resterai pas trop longtemps, je l'espère ;

A défaut de talent, je nommerai mon père,

On dira : C'est son fils ! ça ne fera pas mal ;

Ma foi, c'est le moment ; l'avocat général

Vient de mourir, hélas ! c'est moi qui le remplace.

Si jamais de la cour vous voulez quelque grâce,

Quelque juste faveur, je les demanderai ;

Adieu, mes bons amis, adieu ; je reviendrai.

J'augure, à ce début, que je marcherai vite.

Le parquet de la Cour déjà me félicite,

M'indique des devoirs que je remplis bientôt ;

En magistrat zélé, je découvre un complot

Qui perdait de nos rois la vieille dynastie ;

Je poursuis vivement, au péril de ma vie,

De nombreux conjurés qui s'échappent pourtant,
Mais mon réquisitoire était tout palpitant ;
Je veux par un exemple épouvanter la masse,
J'en fais exécuter trente... par contumace ;
Une vieille duchesse, à l'accent nasillard,
Dit : Ma foi, c'est fort bien ! c'est un petit Bellart !
Le roi reconnaissant, dans sa munificence,
Me donne de Colmar la haute présidence.

Qui n'a pas dans ce monde un grain d'ambition?
On croyait que j'allais m'arrêter là ; non, non ;
D'un vaste coup d'état j'ai médité la gloire ;
Oui, détromper son roi vaut mieux qu'une victoire ;
Je veux parler au roi, je le veux à l'instant,
Annoncez de Colmar le premier président.
« Sire, lui dis-je alors, *pardonnez ma franchise,*
L'intérêt de l'État peut-être l'autorise;
Prince ! oui, je voudrais épargner votre cœur,
Mais votre peuple souffre et connaît le malheur !

— Mon peuple ! dites-moi qui cause sa souffrance,

Car mes vœux et mon cœur sont toujours pour la France.

— Le plus humble sujet de votre majesté,

Sire, apporte à vos pieds la sainte vérité ;

Le vaisseau de l'État, sur une onde orageuse,

S'abandonne et poursuit sa course aventureuse ;

On vous trompe et déjà la mer est en travail,

Mais pour vous engloutir ! Prenez le gouvernail,

Pilote, il en est temps ! La boussole est la Charte,

Loin de la consulter, chaque jour on l'écarte ;

Votre frère au tombeau ne l'eût jamais permis...

Sire, vos conseillers ne sont pas vos amis :

De mon brusque langage excusez la rudesse,

Vivant loin de la cour j'en dédaigne l'adresse ;

Mais lorsque je défends ici nos libertés,

Faites-les tous venir, qu'ils disent : Vous mentez.

Et, leur montrant soudain votre aïeul Henri quatre,

Je leur dirai : Celui qui sut vaincre ou combattre,

Dites, qui l'a frappé !!! Le prince en a pâli,

Et, me tendant la main : Tu seras mon Sully !

Non, ce n'est plus le roi, c'est l'ami qui t'accueille,
Et du garde des sceaux voilà la portefeuille !
Je l'accepte. Cent cris annoncent au dehors
Ce grave évènement, car à peine je sors,
Le peuple, repoussant tout présage sinistre,
Déjà répète au loin : Vive le bon ministre !
Le voilà ! le voilà ! c'est lui ! c'est monseigneur !
On se bat pour pouvoir me jeter une fleur ;
Je vois dans de beaux yeux briller de douces larmes ;
Le tambour bat au champ, on me porte les armes,
Le télégraphe actif agite ses grands bras ;
Bon peuple ! il veut me voir, il s'acharne à mes pas,
On m'accable déjà de discours très splendides,
J'entends tonner de loin le bronze aux Invalides,
On parle, pour ce soir, d'illuminer Paris ;
Ceux qui fêtent toujours et les jeux et les ris,
Nos rimeurs ont déjà préparé leurs tablettes ;
Gare là-bas ! laissez partir les estafettes !
De la ligne il faudra déployer un cordon !
On veut un Te Deum ; tiens ! déjà le bourdon !

Mais pourquoi cette garde autour de ma personne?

— Rentrez, messieurs, l'amour du peuple m'environne!

Je me sens tout ému d'entendre leurs accents;

Prends bien garde, cocher, de froisser les passants!

Ce peuple! qu'il est bon, lorsque l'on sait le prendre!

Oui, c'est moi, mes enfants, oui, je saurai vous rendre

Tout ce qu'on vous a pris... Bientôt, porté par eux,

En triomphe j'arrive à cet hôtel pompeux,

Près duquel, à l'envi, la foule s'évertue,

Et du haut du balcon, enfin, je les salue;

Oh! j'en suis tout broyé! Qui croirait cependant

Que je n'étais hier que premier président?

Ma foi! l'on est fort bien à la place Vendôme!

Quelque jour, je ferai replacer le grand homme

Sur le bronze immortel; mais voici mes bureaux

Qui viennent pour m'offrir leurs compliments nouveaux.

« Messieurs, depuis longtemps je connais votre zèle,

L'administration vous sera maternelle;

Certain qu'aucun travail ne sera négligé,

Je vous donne d'abord quatre jours de congé.

— Bravo!—C'est peu, messieurs, pour marquer mon passage

Parmi vous (écoutez!), sur l'honneur je m'engage,

Pour que vous profitiez des grands évènements,

A doubler, dès demain, tous vos appointements;

Le roi s'y prêtera, vous savez qu'il s'applique

Au bonheur de chacun. — Grand homme politique,

Nous vous bénirons tous, chaque jour, au réveil!

— Monseigneur est nommé président du conseil,

S'écrie un messager que la poussière couvre;

— Bien, mon cher! tu seras le gouverneur du Louvre!

Du roi bientôt l'Europe a confirmé le choix,

Et dans la France heureuse on ne craint que les lois;

J'établis, homme sage, un savant équilibre,

Le roi toujours est roi, le peuple toujours libre;

Les opposants déjà se trouvent malheureux,

Pour les déconcerter je me mets avec eux:

J'abolis tout d'abord l'ignoble loterie,

Plus de maisons de jeux, c'était une infamie !

Pour calmer quelque peu les esprits tourmentés,

J'admets comme électeurs quelques capacités ;

Je veux qu'on solde mieux les curés de campagne,

Je ferai des essais de culture en Champagne,

Et, pour bien soutenir la Légion-d'Honneur,

La croix ne tombera que sur le noble cœur ;

Qui sait même, qui sait ! oui, je l'espère encore,

Je pourrai ramener le drapeau tricolore ;

Je pense à nos grognards, tous leurs maux sont finis,

Je fais rentrer en France enfin tous les bannis.

Mais je mets à profit ces faveurs peu communes :

Entre nous, on n'est pas ministre *pour des prunes*,

Et je puis bien aussi, restant bon citoyen,

Protéger ma famille et lui faire du bien.

Mon père est conseiller près de la Cour suprême,

C'est le roi qui le veut ; quant aux neveux que j'aime,

Charles, Constant, l'un d'eux est nommé président,
L'autre sera préfet, c'est un homme prudent,
Et je le suis aussi; ma compagne charmante
De deux princes du sang devient la gouvernante.

Mais il est bien permis d'être un peu paresseux,
Après avoir, dix ans, fait mille et mille heureux,
Après avoir des lois consolidé l'empire :
Au fond de ma province enfin je me retire;
De mes concitoyens j'ai des preuves d'amour,
Et chacun d'eux se dit : C'est le soir d'un beau jour !
Hélas! qu'est devenu le matin de l'enfance?
Les voilà donc ces lieux qu'habite l'innocence!
Voilà les peupliers que j'ai plantés jadis!
Comme ils étaient petits et comme ils sont grandis!
Voilà bien mon jardin, ma petite chaumière,
De mon vieux chien danois je reconnais la pierre...
Étrange destinée! ô souvenirs confus!
L'histoire, un jour dira, quand je ne serai plus...

— Qui donc, si fortement, vient heurter à ma porte?
C'est le commis greffier : que le diable l'emporte!
Que peut-il espérer?— Bourreau, que voulez-vous?
Parlez ! — Monsieur, de grâce, apaisez ce courroux,
Vous, si bon, je ne puis m'expliquer vos injures;
Veuillez légaliser deux ou trois signatures...
— Un ministre, maraud! Je vais sur mon honneur...
— Mais, monsieur, vous rêvez, vous n'êtes qu'auditeur,
Madame, ainsi que moi, rit de cette faiblesse;
— Auditeur! J'en mourrai, ma chère vicomtesse!

DEUX FEMMES.

> Les fleurs au front, la boue aux pieds, la haine au cœur.
> (Victor Hugo.)

Souvent l'on voit passer, au milieu des huées,
Longeant un mur suspect, quelques prostituées ;
On détourne les yeux de ce vivant affront,
La vertu passe, pleure et se voile le front.
C'est qu'il est bien affreux de voir un pareil crime,
Et de savoir enfin qu'un amour légitime
Aurait pu féconder, d'un vertueux baiser,
Une fille à présent qui pourra tout oser.
C'est horrible ! Et pourtant, dans son métier infâme,
Ne peut-on quelquefois plaindre une pauvre femme

Persécutée, hélas! s'abandonnant à nous,
Puis trahie et tombée enfin dans ces égouts?
Et si l'on pénétrait jusques au fond des choses,
Il en est qui, jetant leurs couronnes de roses
Au pied de quelque lâche immobile d'effroi,
Pourraient dire : Je suis moins infâme que toi!
Même si l'on voulait dévoiler tout le reste,
Quelques-unes parfois, échappant à l'inceste,
Se cramponnent au vice, et, dans un grand malheur,
Pour éviter le crime ont pris le déshonneur.

Sans doute des vertus le travail est le père,
Et l'on objectera qu'ici-bas la misère
Doit travailler toujours et puis mourir enfin....
Oui, mais apaisons donc une première faim,
Sachons donc soulager la fille demi-nue,
Aidons sans marchander une femme perdue ;
Une fille se vend, c'est nous qui le voulons ;
Si l'on savait du moins respecter les haillons !

Il se peut quelque jour qu'une femme indolente,
Sur son brûlant sopha couchée et nonchalante,
Feignant de se tromper sur mon vers virginal,
Ferme le livre et dise : A mes nerfs il fait mal !
C'est un crime, en effet, que plaindre la misère
D'enfants abandonnés ou vendus par leur mère !
Eh bien ! il n'est pour moi nul malheur rebutant,
Et je le plains toujours, même tout dégoûtant.
C'est qu'il faut être juste, et lorsque la richesse
Décore ton boudoir, o petite-maîtresse,
Alors que la fortune a doré tes habits,
Et que sur toi l'on voit ruisseler les rubis,
Lorsqu'un de tes soupers pourrait, pour une année,
Soutenir et nourrir la fille abandonnée,
Et lorsque tout à l'heure, en ton carrosse d'or,
Tu froissas cet enfant qui te supplie encor,
Avant de me crier que je devais me taire,
As-tu bien réfléchi sur ce mot : Adultère ?
Ah ! lorsque tu descends de ton fastueux char,
Respecte Madeleine, o femme Putiphar !

As-tu parfois pensé que la fille vendue
Que tu vois en passant à l'angle de la rue,
Au bouge infect, pour elle entr'ouvert à demi,
N'a jamais rencontré dans ses bras un ami?
Toi, tu fus à l'autel couronnée et brillante,
On orna, pour l'hymen, la nef étincelante,
Et l'époux, ébloui de tes pompeux atours,
Offrit à tes genoux le coussin de velours;
Tu juras devant Dieu de lui vouer ton âme,
De conserver pour lui tout ton amour de femme;
D'abord tu tins parole, et dans tes feux promis,
Ta couche respectée a vu naître ton fils.
Mais le monde t'attend, te presse, t'environne,
Et tu rêves, coquette, une immonde couronne!
Tu faillis, une faute entraîne un second pas,
Dans le chemin du vice on ne s'arrête pas;
Te voilà profanée enfin, femme adultère!
On te nomme pourtant la femme qui sait plaire,
Et l'on voit sur tes pas l'essaim des courtisans,
Folâtres papillons, butiner ton printemps.

Sais-tu, femme, sais-tu que, par le malheur folle,
La fille pourrait bien te vomir sa parole?
Qu'elle pourrait enfin se dresser devant toi
Et te crier bien haut : Je n'ai rien promis, moi!
Oui, moi, la pauvre enfant, ce monde m'a tuée;
Toi, riche, ne ris pas de la prostituée;
Je puis encore, au moins, dans mon grave malheur,
Endormir dans mes bras le fils d'un séducteur,
Et baiser, quoique impure, un front pur qu'il me donne.
Perdue! oui, mais enfin je n'ai trompé personne!
Quand, pour mon fils, je vends un baiser caressant,
Femme adultère, va, va bercer ton enfant!

L'AIGLON ET LES LIMACES,

FABLE.

Pour dormir en repos, sur l'angle d'un rocher,
Un aiglon, vers le soir, venait de se percher;
Comme il avait en tête un projet de voyage,
    Par quelques instants de sommeil
Il voulait rendre fort son trop faible plumage,
Car il faut voler haut pour fixer le soleil.
Mais, pendant qu'il dormait, des limaces gluantes,
    Rampantes, dégoûtantes,

Famille nombreuse aujourd'hui,

Bientôt arrivent sur lui.

Des limaces sur lui! bon Dieu! que voulaient-elles?

Je ne sais, mais l'aiglon enfin avait des ailes,

C'était un oiseau noble, il fallait le salir;

Lorsque l'on est limace on veut partout vomir.

De son instinct toujours l'animal est l'esclave.

Les voilà sillonnant de leur impure bave

Silencieusement les plumes du dormeur;

Les animaux rampants, quand on dort, n'ont pas peur.

L'aiglon, en s'éveillant, leur dit : Race maudite!

Je vois bien qu'il est temps d'abandonner mon gite.

Puis, les secouant à l'écart,

Il fend les airs et part.

Un cygne, son ami, le cœur gros de vengeance,

Lui dit : Que n'as-tu donc châtié cette engeance

Qui, même à ton départ, ici vint te braver?

— Moi! je méprise trop qui ne sait que baver!

Adieu! mon vol déjà vient d'effacer leurs traces;

Un aiglon n'est pas né pour frapper des limaces.

LA GLOIRE.*

> Mon cœur, je voudrais en vain le cacher, fut animé par l'ambition de la gloire ; dans ma jeunesse il battit pour elle ; maintenant il bat encore, mais d'un mouvement plus contenu.
> (KLOPSTOCK.)

> Pour vivre au cœur de mes amis.
> (DUMOUSTIER.)

Iront-ils jusqu'à vous, o mes amis d'enfance,

Ces chants quelquefois gais et plus souvent plaintifs

Que ma nef ballottée a, dans son inconstance,

Porté malgré les vents à l'écho des récifs?

---

* Ce poème, retouché depuis peu par l'auteur, a obtenu la mention honorable au concours de Douai.

Allez-vous, mes amis, me proclamer poète,

Dans vos bruyants bravos jusqu'à moi revenus,

Ou, matelot obscur mouillé par la tempête,

Trouverai-je au rivage au moins vos bras tendus?

Que penser de l'accueil qu'au port on me destine

Si ma voile à l'orage allait se replier?

Et pourtant j'ai cru voir la colombe divine

Qui, de loin, m'apportait la branche d'olivier.

Mes amis, j'ai lâché toutes mes hirondelles.

Ah! ne les laissez pas près de moi revenir!

Au chaume hospitalier, pitié, mon Dieu, pour elles,

De retour au logis, je les verrais mourir.

Ah! quand vous me disiez, en jouant sur la mousse:

Que n'as-tu, comme nous, une existence douce?

Sur les points culminants on ne dort pas en paix;
Du derviche le ciel écoute les prières,
Et la foudre qui passe au-dessus des chaumières
Attaque en se jouant le fronton des palais;

J'avais des rêves d'or et je ne pus vous croire;
Ce conseil de bonheur cependant me troublait;
C'est que, dans mon sommeil, amis, quelqu'un parlait;
Oui, j'étais un ingrat et j'écoutais la gloire.

Contre l'illusion j'ai longtemps combattu,
Et j'ai crié longtemps : Gloire, que me veux-tu?

— C'est moi qui de Socrate adoucis la ciguë,
Qui de Sénèque au bain enlevai dans la nue,
Émule de Caton, le nom victorieux;
    Je conduisis l'aveugle Homère;

Ma voix de Juvénal guida l'humeur amère ;
D'Horace j'accordai le luth harmonieux.

C'est moi qui souriais au moineau de Catulle,
Qui réchauffais les chants de Lucrèce et Tibulle ;
Anacréon pour moi fut longtemps amoureux ;
 J'ai dicté les métamorphoses ;
Quand Virgile chantait, je couronnais de roses
  Les boucles de ses longs cheveux.

Je produis les héros, ma flamme les consume,
 Et c'est moi dont le souffle allume
Le brasier dévorant la main de Scævola ;
D'Alexandre, à trente ans, je dévore la vie,
Brutus m'adore autant qu'il aime la patrie ;
Ce n'était pas la peur qui réveillait Sylla.

Copernic m'a cherchée à la voûte étoilée ;
Aiguisant le compas aux mains de Galilée,

J'ai cloué le soleil aux murs de sa prison ;
J'ai guidé de Colomb la course américaine;
  Mollement j'ai bercé Turenne
   Sur l'affût d'un canon.

Le Tasse avait neuf ans, l'on proscrivait sa tête,
Il se leva bientôt et dit : Je suis poète !
Des dieux du Capitole enfants dégénérés,
Écoutez! écoutez! ses accents sont sacrés !
Jérusalem! eh quoi! Plutus est votre idole!
Vous méprisez le Tasse au pied du Capitole!
O honte! Qui viendra venger votre dédain?
Ce fut moi, moi toujours qui criais : A demain !
A demain ! Il chantait, l'on flétrissait sa vie,
L'on narguait, à vingt ans, sa sublime folie ;
Mais quand il disparut du séjour des vivants,
Pour lui l'on n'avait plus assez d'honneurs, d'encens!
Si, pour qu'on l'apprécie, il faut qu'un homme tombe,
La gloire est là du moins qui veille sur la tombe.

Contre l'illusion j'ai longtemps combattu,

Et j'ai crié longtemps : Gloire, que me veux-tu ?

—Sais-tu bien qu'aux grands jours de sa grande colère,

Au pied de l'échafaud, la haine populaire,

Confondant tous les noms dans un sanglant charnier,

En acconduisit deux, Roucher, André Chénier?

Mais sais-tu qu'en ce jour de criminelle audace,

On craignait de les voir s'avancer sur la place,

Qu'on écoutait leurs chants, que le bourreau trembla?

C'est que ce jour, ami, j'avais passé par-là ;

Chers élus, l'échafaud était une victoire !

Mais c'étaient des croyants, ils adoraient la gloire !

Contre l'illusion j'ai longtemps combattu,

Et je disais toujours : Gloire, que me veux-tu ?

— Chateaubriand est bien le cygne d'Ausonie ;

Béranger au ciel même a surpris l'harmonie ;

Hugo vint auprès d'eux et soudain se dressa
De toute sa hauteur... Le monde s'abaissa.
De cette trinité nul n'atteindra la voie,
Mais on peut retrouver peut-être un Millevoie...

— Le voilà, ton sourire, et j'en suis abattu,
Toi qu'on nomme la gloire, o toi, le pourrais-tu?

— Je veux, pour tes amis, des paroles touchantes,
Et dès ce jour, pour eux, je veux que tu me chantes;
Qu'importe, pèlerin, le sable des déserts?
Avance, voyageur, d'autres cieux sont ouverts;
Le mirage est ici, mais là-bas la colline,
Va, le volcan n'a pas englouti tous les Pline!

— Que m'importent, à moi, tant de noms glorieux?
Parsème un ciel d'azur d'innombrables étoiles,
Et moi, de ce gazon puis-je percer les voiles?
Le ver luisant jamais n'a réfléchi les cieux.

Passe donc, toi qu'on nomme une vierge divine !
J'en connais qui sont morts en voulant tout oser ;
Passe, je te connais, ardente Messaline,
Tu nous donnes la mort dans un brûlant baiser.

Elle m'a répondu : Dieu seul connaît l'espace !
Au fond de l'océan la perle tient sa place ;
Si je t'encourageais, je ne t'ai rien promis,
Rien qu'un écho lointain au toit qui t'a vu naître,
Qu'un souvenir de ceux qui t'attendent peut-être,
Mais c'est beaucoup de vivre au cœur de ses amis !

— O gloire ! un verdoyant bocage,
　　Des cygnes l'amoureux sillage,
La rose qui s'entrouvre, un berceau de lilas,
　　Du lac l'immobile surface,
Sous le soleil couchant la nacelle qui passe,
Et le foyer du soir qui combat les frimas ;

La vierge aux cheveux noirs, jeune fille qui pense,
Qui, pour nous captiver, plus mollement balance,
Tendre et voluptueuse, un pas voluptueux;
Un pied furtif glissant sous la robe de soie,
Le bruit mystérieux des baisers pleins de joie,
Et les serments trahis, mais toujours amoureux;

    Du nautonnier la barcarole,
    Tout l'or que roule le Pactole,
    De la fortune les hasards,
Mots brillants ajoutés aux rêves de la vie,
    O gloire, à mon âme asservie,
Tout cela ne vaut pas un seul de tes regards!

Et pourtant, de mon cœur soulevant la tempête,
Pourquoi me disais-tu : Chante, chante, poëte?
Gloire, qu'exigeais-tu de ce cœur tourmenté?

Ah! que n'ai-je abrité ma barque sous l'ombrage,
O toi qui la poussas du pied loin du rivage,
    Gloire, vaux-tu l'obscurité?

Mes amis, j'ai lâché toutes mes hirondelles;
Ah! ne les laissez pas près de moi revenir!
Au chaume hospitalier, pitié, mon Dieu, pour elles!
De retour au logis je les verrais mourir.

FIN.

TABLE.

Lettre de M. Jules Janin. . . . . page v

I

Chants héroïques.

	Pages.
A la mémoire de la princesse Marie.	7
L'empereur. — Pour Béranger.	17
Fénélon en mission dans la Saintonge.	21
La dernière nuit de Marie-Antoinette.	31
La mort de Bailly, maire de Paris.	41
Charlotte Corday.	47
Dans les caveaux de Saint-Denis.	55
Chant de douleur sur la mort du maréchal Ney. . . .	63

	Pages.
Aux mânes de Girodet.	83
L'empereur replacé sur la colonne.	89
Le comte de Paris.	105
A une femme.	115
Brune.	129
A Victor Hugo.	133
Cambronne.	139
Le 13 juillet 1842.	143

II

Larmes.

Ma mère!	147
Frère et sœur.	151
La mort d'un jeune enfant.	157
L'aïeule.	161
Une mère.	177
Sur la mort de mon père.	183
Sur la perte de deux enfants morts le même jour.	193
Le poète mourant.	199

TABLE.

	Pages.
Le jour des morts.	203
J'ai froid.	209
Le bouquet d'oranger.	215
A toi.	219
Fuit illa benedicta.	224
A une mariée.	243
Le pèlerinage.	247
Prière du soir.	251
Mon oiseau bleu.	259
Les violettes.	263
L'amie.	267
Apparition.	271
Espoir.	277

III

Mélanges poétiques.

Consolation. — A ma muse.	285
Paris dans la rue.	297
Les honneurs.	309

	Pages.
A ma lampe.	331
A mon foyer.	335
A mon ruisseau.	339
A une jeune fille poète.	341
L'aumône.	345
Noël.	351
La première communion.	355
Philippe.	359
Fleurette.	363
Au sultan.	367
Châteaux en Espagne.	371
Deux femmes.	381
L'aiglon et les limaces.	387
La gloire.	389

FIN DE LA TABLE.

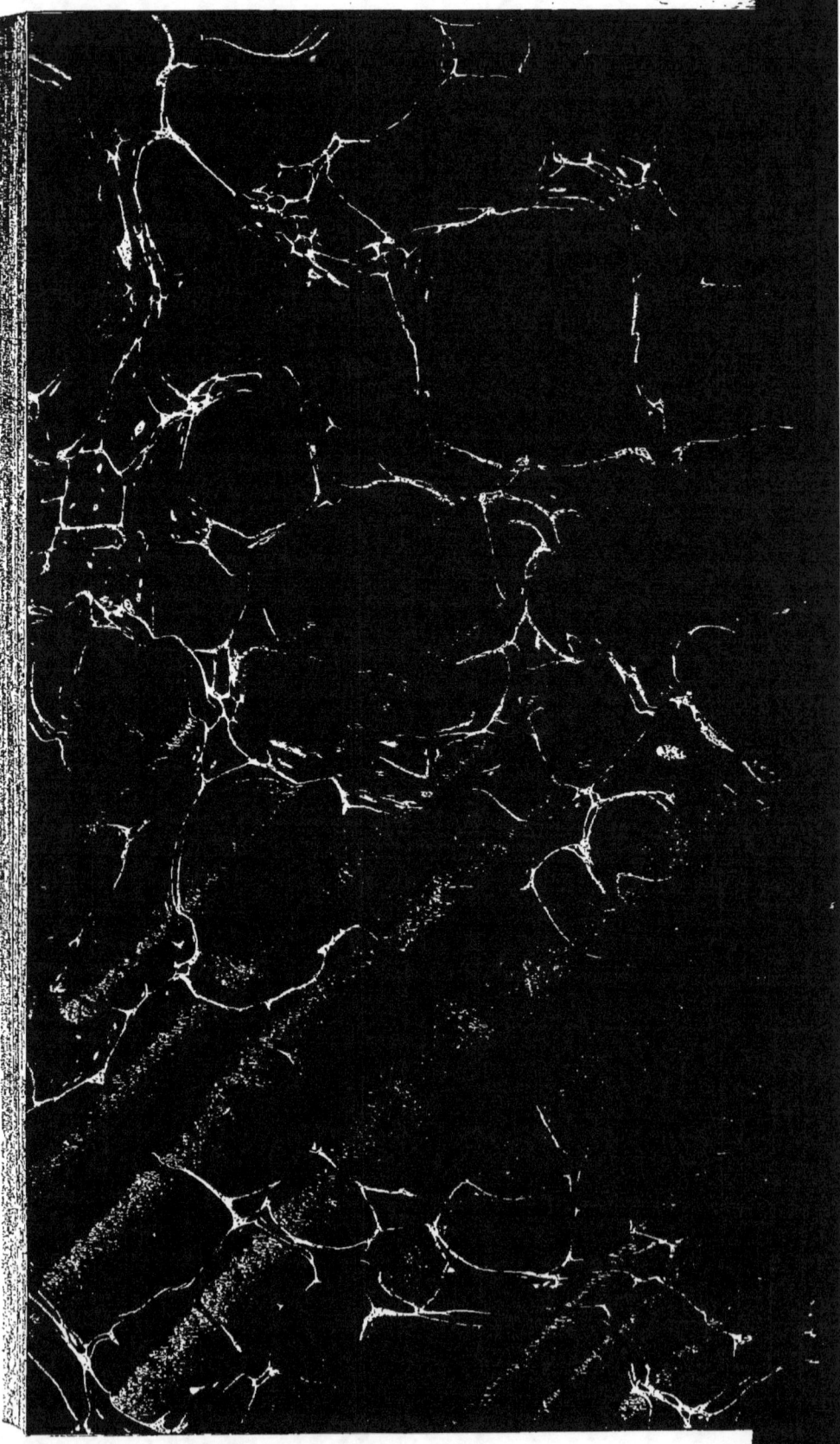

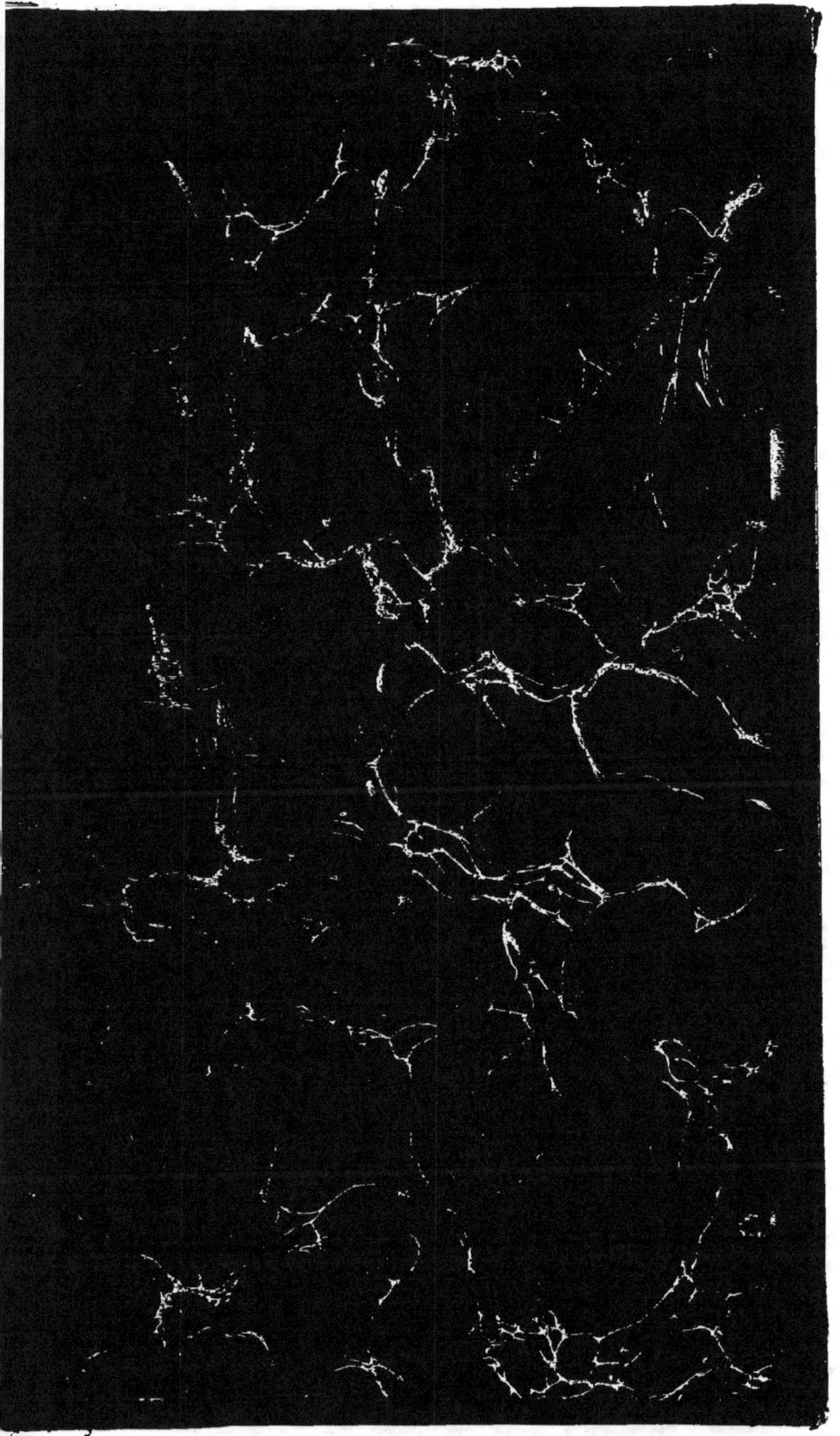

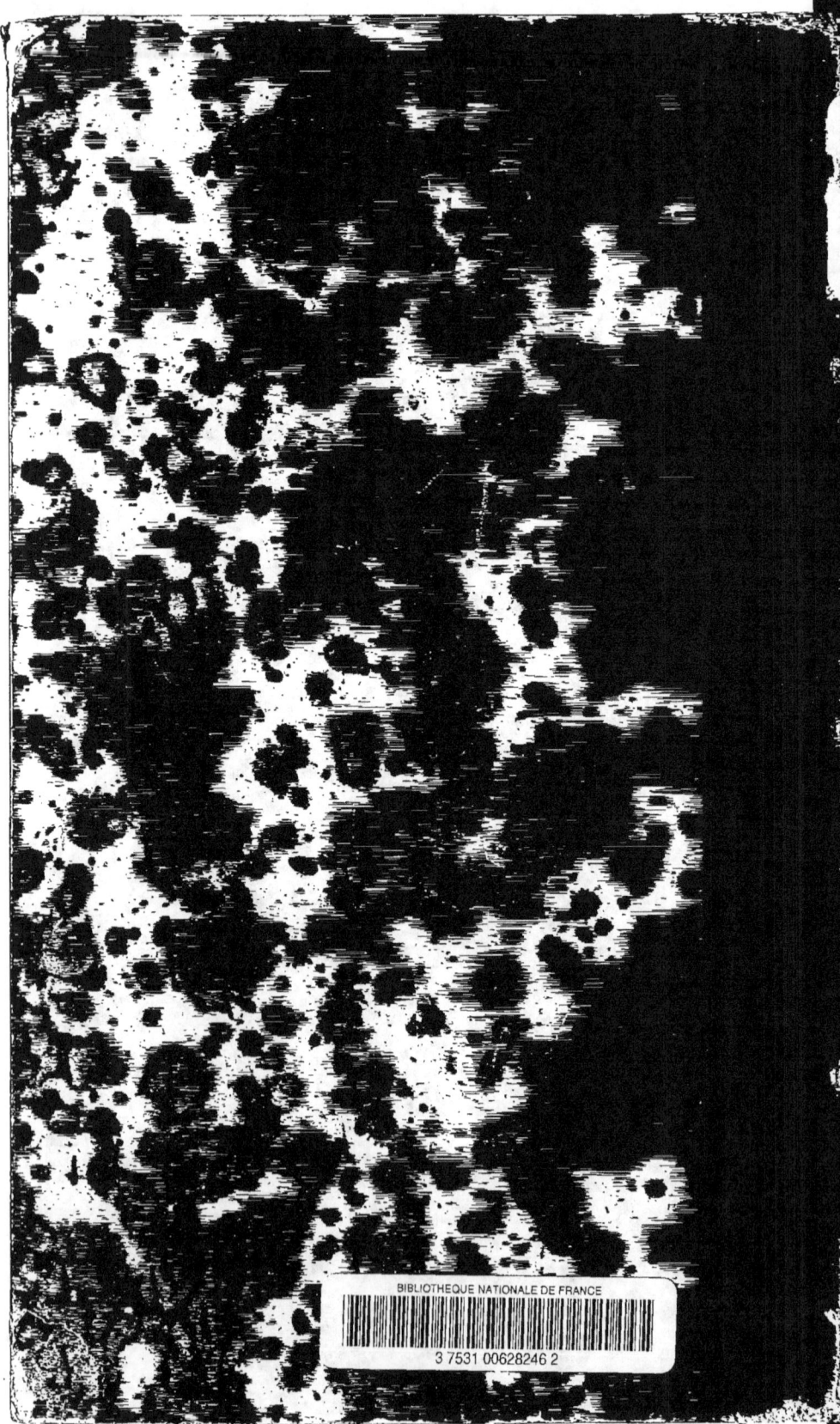